Robert Tschöpe
Ausflüge in den Spessart

Robert Tschöpe

Ausflüge in den Spessart

Unbekanntes Franken
zwischen Alzenau und Würzburg

Main-Echo Aschaffenburg

Die Deutsche Bibliothek - CIP Einheitsaufnahme

Tschöpe, Robert:
Ausflüge in den Spessart
Unbekanntes Franken zwischen Alzenau und Würzburg
Aschaffenburg: Main-Echo Kirsch GmbH & Co., 1995
ISBN 3-930339-01-3

© 1995
Gesamtherstellung:
Main-Echo Kirsch GmbH & Co. Aschaffenburg
ISBN 3-930339-01-3

Achtlos . . .

. . . rauschen Rad- und Autofahrer an mancher Sehenswürdigkeit vorbei. Auch die »Eingeborenen« wissen oft nicht, welche historischen Schätze in ihrer Gemeinde, ihrer Stadt liegen. Und wer neu zugezogen ist, kennt kaum die nähere Umgebung seines Wohnortes, ganz zu schweigen von der Region. Schließlich hatten wir noch die Besucher aus dem Ausland im Auge, als wir diese Ausflugstips zusammengestellt haben. Denn gerade die Gemeinden, Schulen und Vereine zwischen Alzenau und Würzburg pflegen intensive Kontakte zu Partnern im europäischen Ausland und in Übersee. Diesen Besuchern sollen die Fotos Anregung sein, mit den Gastfamilien gezielt ein Freizeitprogramm auswählen zu können, über die Bilder eine Vorauswahl zu treffen. Museumsbesuche heben sich viele für die kalte Jahreszeit oder einen verregneten Tag auf. Doch wenn's dann soweit ist, weiß man entweder nicht, wohin oder kennt die Öffnungszeiten nicht. Manche Sammlungen sind auch nur nach Vereinbarung geöffnet. Und was es zu sehen gibt, ist selten bekannt. Aus diesem Grund haben wir die Museumstips mit kurzen Hinweisen auf Themen, Öffnungszeiten sowie mit Telefonnummern versehen. Mit diesen Informationen sollte es ein Leichtes sein, die richtige Wahl zu treffen. Ein großes Ärgernis, gerade bei den Museen, sind die sich immer wieder einmal ändernden Öffnungszeiten und Telefonnummern. Ähnlich verhält es sich mit der Liste von Freizeitangeboten am Ende des Buches. Zwar wurden die aktuellsten Verzeichnisse durchgesehen. Doch sind Änderungen von einer zur nächsten Saison nicht auszuschließen. Deshalb ist die Redaktion für jeden Hinweis dankbar. Wenn Sie ein Ausflugsziel vermissen sollten: Vielleicht finden Sie es in einer späteren, aktualisierten Auflage.

Inhalt

Wasser, Wein und Wandern links und rechts der Kahl

Alzenau und seine fünf Stadtteile

Als »Stadt im Grünen« wirbt Alzenau für seinen Freizeitwert. Neben Wasser, Wein und vielen Wandermöglichkeiten hat es allerhand Wald zu bieten. Allein der Stadtwald dehnt sich auf 2600 Hektar Fläche aus. Alzenau, das ist eine Stadt am Flüßchen Kahl, eine Burg und ein großes Fest- und Veranstaltungsprogramm. Alzenau, das sind aber auch die Stadtteile Hörstein, Michelbach, Wasserlos, Albstadt und Kälberau. Obwohl seit der Gemeindereform in den Siebzigern Bestandteil der Stadt, unterscheiden die Einheimischen, so der Text in einem Prospekt des Verkehrsamts, »noch sehr genau zwischen dem eigentlichen Alzenau … und den fünf Nachbargemeinden«. Erstmals urkundlich erwähnt wurden Alzenau und Hörstein Ende des 10. Jahrhunderts in einem Steuerregister der Abtei Seligenstadt. Damals hieß der Ort noch Wilmundsheim. Um 1200 entstand das Freigericht Wilmundsheim mit den Zentgerichten Wilmundsheim (Alzenau), Hörstein, Mömbris und Somborn. 1399 wird die Burg und damit ein Verwaltungssitz des Kurfürstentums Mainz fertiggestellt. 1401 erhält Wilmundsheim Stadt- und Marktrechte, ohne jedoch davon Gebrauch zu machen. Im 15. Jahrhundert wird der Ort zerstört. Die neu entstehende Siedlung übernimmt den Namen der Burg: Alzenau. Neben den Mainzer Kurfürsten erhalten die Grafen von Hanau die Herrschaft (bis 1748); ab 1803 ergreift Hessen-Darmstadt Besitz vom Vogteiamt Alzenau. 1816 fiel Alzenau schließlich an Bayern. Stadtrechte gab's für Alzenau 1951, und 1972 werden Kälberau, Albstadt und Wasserlos Stadtteile; 1975 folgt der Zusammenschluß mit Hörstein und Michelbach. Den Reiz Alzenaus und seiner Stadtteile zu entdecken bleibt Radfahrern und Wanderern vorbehalten. Zu begrüßen ist deshalb die Initiative des städtischen Verkehrsamtes, mit einer Broschüre Anregungen für einige »aktive Stunden« zu geben. Zwischen sieben Routen kann der Alzenau-Besucher wählen. Diese führen ihn an den Meerhofsee (Baden und Angeln), an der Kahl entlang, ins Waldschwimmbad, zur Burg, auf den Marktplatz, zur Stadtpfarrkirche »Sankt Justinus«, in die Weinberge, auf den Hahnenkamm mit Ludwigsturm (437 Meter), die Kälberauer Wallfahrtskirche oder zum »Klappermühlchen« um schließlich am Wasserloser Schloß noch lange nicht zu enden. Alzenau liegt am Kahltal-Radwanderweg (Verbindung zum Maintal-Radwanderweg) und an der Kahlgrund-

Blick auf die Burg

Bahn-Linie (Kahl – Schöllkrippen) und ist somit (für Besucher aus der Region) auch ohne Auto zu erreichen. *Heimatmuseum im Schlößchen* Michelbach (heimatgeschichtliche Funde und Handwerk) Öffnungszeiten: Mai bis September jeden 1. Sonntag im Monat und nach Vereinbarung, (06023) 7987

Musik, Sammlungen und See-Spaziergänge

Amorbachs vielfältiges Fremdenverkehrsangebot

Im bayerischen Odenwald liegt Amorbach, das 1253 zur Stadt erhoben wurde und insgesamt seit mehr als 1250 Jahren besteht. Neben den zahlreichen Fachwerkhäusern in der Altstadt bestimmt die ehemalige Benediktinerabtei, die von Künstlern des Barock, des Rokoko und des Klassizismus gestaltet wurde, den Stadtkern. In der ehemaligen Abteikirche steht die Weltruf genießende »Stumm-Orgel«. Sie erklingt anläßlich der »Amorbacher Orgelmusiken« jeweils am Ostersonntag und Pfingstmontag sowie an zwei Sommersonntagen. Sehenswert sind aber auch das Konventgebäude mit Bibliothek, der »Grüne Saal« (Kammerkonzerte) und das Refektorium. Reich ausgestattet ist die Stadtpfarrkirche »St. Gangolf«. Weitere Besucherziele sind die Kapelle Amorsbrunn, die ehemalige Amtskellerei, in der ein Heimatmuseum untergebracht ist, die Gotthardsruine, die Ruine Wildenburg und das alte Rathaus. Eine Besonderheit ist das »Templerhaus« aus dem Jahr 1291, das zweitälteste Fachwerkhaus dieser Art in Deutschland. Der spätromanische Turmbau war Teil eines befestigten Adelshofes, der Ende des 13. Jahrhunderts an die Rüdt von Collenberg fiel, später von Familien des Kleinadels und des Bürgertums bewohnt wurde. Die Stadt erwarb das Templerhaus 1981 und ließ das Kulturdenkmal sanieren. Zum Spazieren lädt nicht nur der Seegarten neben der Altstadt. 170 Kilometer Wanderwege rund um Amorbach geben Gelegenheit, auch die Stadtteile Beuchen, Boxbrunn, Neudorf und Reichartshausen kennenzulernen.

Die ehemalige Benediktinerabtei

Das Templerhaus aus dem Jahr 1291

Heimatmuseum:
(Fürstlich Leiningensche Sammlung: Geschichte der Stadt und des östlichen Odenwalds, Volkskunde, Handwerk, Zunftwesen, Fürstenhaus Leiningen)
Öffnungszeiten: April bis Oktober, Führungen: Mittwoch und Samstag 15 und 16 Uhr, Donnerstag 10 und 11 Uhr (09373) 3061
Sammlung Berger:
(Europas größte Teekannen-Sammlung, Puppen, Puppenhäuser, Pepsi-Sammlung, Bücherturm, Moderne Malerei)
Öffnungszeiten: täglich außer Montag von 13.30-17.30 Uhr. Gruppen ab 20 Personen auch außerhalb der genannten Zeiten nach Anmeldung unter (09373) 618

Auf Kultur- und Einkaufstour eine Stadt erkunden

In Aschaffenburg kann man einen kurzweiligen Tag verbringen

In Aschaffenburg einen kurzweiligen Tag zu verbringen? Kein Problem. Doch wo beginnt man, sollen alle Zerstreuungsmöglichkeiten aufgezählt werden?

Für den einen gibt's nichts Schöneres, als sich die Zeit mit einem Einkaufsbummel zu vertreiben. City Galerie, Fußgängerzone oder die Straßen zwischen Herstallturm und Hauptbahnhof stehen bei den Bummlern hoch im Kurs. Ein anderer bestaunt gerne historische Gebäude.

Rund um den Stiftsberg ist trotz der Kriegsschäden ein historisches Ensemble erhalten geblieben. Ein dritter könnte stundenlang durch Museen oder Galerien streifen. Angefangen beim Schloß Johannisburg, Pompejanum, dem Stiftsmuseum reicht die Palette der Angebote bis zum Naturwissenschaftlichen Museum und einer Sportwagenschau. Mit einem Spaziergang läßt sich der Besuch des Schlößchens im Park Schönbusch verbinden. Und auch die Fasanerie als Grünzug, der bis in die Stadt hineinreicht, lädt zum Spazierengehen ein. (Fast) alle Wünsche werden in Aschaffenburg erfüllt. Und wer sich vom vielen Pflastertreten oder den zahlreichen kulturellen Eindrücken erholen möchte, dem steht mitten in der Stadt

Das Wahrzeichen Aschaffenburgs: Schloß Johannisburg

ein Landschaftsgarten (Schöntal) zur Verfügung; der kann aber auch ein Café, ein Restaurant oder am Abend einen Szene-Treff aufsuchen. Nicht selten treten in Aschaffenburg bekannte Künstler und Musik-Gruppen auf. Stadttheater, Stadthalle und Unterfrankenhalle sind der Rahmen für eine Vielzahl von Veranstaltungen.

Wer mehr erfahren möchte erhält über die Tourist-Information am Schloßplatz weitere Anregungen und Veranstaltungsprogramme. (0 60 21) 39 58 00

Gentilhaus
(Sammlung von Bildern, Skulpturen, mittelalterlichen Altären und Volkskunst)
Öffnungszeiten: nach Vereinbarung nur in den Sommermonaten
(0 60 21) 33 04 46

Graslitzer Gedenk- und Informations-raum im Schönborner Hof
(Schnitzereien, Handarbeiten, Blasin-strumente-Industrie der Patenstadt im Egerland)
Öffnungszeiten: Sonn- und feiertags
10–12 Uhr, (06021) 5141
Jüdisches Dokumentationszentrum
Treibgasse 20 (Geschichte der Aschaffenburger Juden)
Öffnungszeiten: Mittwoch 10–12 Uhr, Donnerstag 16–18 Uhr
Naturwissenschaftliches Museum
im Schönborner Hof (Mineralien, Vögel, Insekten, Fische u.a.m)
Öffnungszeiten: täglich 9–12 und
13–16 Uhr. Mittwochs geschlossen.
Pompejanum
(der römischen Zeit nachempfundenes Wohnhaus aus Pompeji)
Öffnungszeiten: 14. März–15. Oktober täglich von 10 bis 12.30 Uhr und 13.30 bis 17 Uhr
Rosso-Bianco-Collection
(Sportwagenschau)
Öffnungszeiten: 1. April–31. Oktober:
Dienstag–Sonntag 10–18 Uhr,
Montag geschlossen, außer an Feiertagen. 1. November–31. März: Sonn- und Feiertag 10–18 Uhr; Art- und Autoforum nur Samstag und Sonntag geöffnet
(06021) 21358.

Eines der Aschaffenburger Museen: das Pompejanum

Schloß Johannisburg
(Gemäldegalerie, Korkmodell-Sammlung, Fürstliche Wohnräume)
Öffnungszeiten: 1. April–30. September täglich von 9 bis 12 und 13 bis 17 Uhr;
1. Oktober bis 31. März täglich von 10 bis 12 und 13 bis 16 Uhr. Montags geschlossen. (06021) 22417 (Schloß- und Gartenverwaltung)
Schloß Schönbusch
Öffnungszeiten: 14. März–5. Oktober täglich von 9 bis 12.30 und 13 bis 16.30 Uhr. Montags geschlossen.
(06021) 22417
Stiftsmuseum
(stadtgeschichtliche Sammlung, Siedlungsgeschichte der Region, religiöse Kunst und Kunsthandwerk)
Öffnungszeiten: täglich außer Dienstag von 10 bis 13 Uhr und 14 bis 17 Uhr
(06021) 330463 oder 330446

Einkaufen und Kultur »erlaufen«

40 Ausmalungen für die damals des Lesens und Schreibens unkundigen

Lassen Sie sich nicht vom Verkehr aus Bürgstadt hinausschieben

Ein Rad- und Fußweg führt von Miltenberg durch Wiesen und über die Erf-Brücke nach Bürgstadt. Wer die Marktgemeinde vom Main her entdeckt, wird überrascht sein, wie still und beschaulich es in Bürgstadt sein kann. Wer mit dem Auto kommt, wird leider vom Verkehr schnell wieder aus dem Ort hinausgeschoben.

Dabei bietet Bürgstadt manch Sehenswertes. In der Martinskapelle aus dem Jahr 1200 sind 40 Ausmalungen zu betrachten, die den damaligen, des Lesens- und Schreibens unkundigen Menschen, die Heilsgeschichte nahe-

bringen sollte. Die alte Pfarrkirche aus der Zeit um 1300, das alte Rathaus (um 1590) sowie die Ruine der Centgrafenkapelle aus dem 16. Jahrhundert sind sichtbare Zeugen der langen Geschichte des Marktes. Auf dem Bürgstädter Berg ist ein Ringwall mit Heunenfässern und Heunensteinen zu sehen. Die Anlage diente in der Jungsteinzeit dem Schutz der Siedler. Grabungsfunde datieren die Entstehung des Ringwalls auf das Jahr 3000 v. Chr. Man stieß auf eine Toranlage, die wieder aufgebaut und in die vermutete, ursprüngliche Form gebracht wurde.

60 km Wanderwege, Wassersport, Angeln, eine Großwasserrutschbahn im Freibad gehören ebenso zum Freizeitangebot wie der Weinbau. Private Winzer haben Bürgstadt mit mehr als 50 Hektar Rebfläche zu einem der größten Weinorte am Untermain gemacht und einer Tradition wieder zum Durchbruch verholfen: dem Bürgstädter Roten.
Heimatgeschichtliche Sammlung (Vor- und Frühgeschichte, Sandsteingewinnung u. -verarbeitung, Landwirtschaft, ländlicher Haushalt).
Öffnungszeiten: Nach Vereinbarung, (09371) 2051

Historischer Ortskern mit Blick aufs Rathaus

Über die Erf nähert sich der Radwanderer Bürgstadt

Eines der bedeutendsten Schifferdörfer Deutschlands liegt am Main

Das älteste der drei Prozelten: Dorfprozelten

Dorfprozelten, so weiß die Chronik, ist das älteste der drei Prozelten (Langenprozelten u. Stadtprozelten) am unterfränkischen Main. Zeitweise hieß es auch Nieder- oder Altenprozelten. Schon für das 9. Jahrhundert ist seine Existenz belegt. Es bildete die Urpfarrei und Mutterkirche für das erst im Jahr 1323 zur eigenständigen Pfarrei erhobene Stadtprozelten mit der Burg Prozelten, heute Henneburg.

Im letzten Jahrhundert bestimmte die Sandsteinindustrie das wirtschaftliche Leben in dieser Region. Nach der Jahrhundertwende entwickelte sich Dorfprozelten zu einem der bedeutendsten Schifferdörfer Deutschlands.

In den letzten Jahren siedelten am Ortsrand mehrere Klein- und Großindustriebetriebe an, die der Gemeinde zu einem gewissen Wohlstand verhalfen. Wanderungen in den Wäldern der Umgebung (20 km markierte Wege) oder zur Ruine Collenberg, Angeln am Main oder als Ziel am Mainradwanderweg machen Dorfprozelten für viele Ausflügler zu einem beliebten Ziel.

Blick von der gegenüberliegenden Mainseite auf eines der bedeutendsten Schifferdörfer Deutschlands: Dorfprozelten

Der »Rücker Schalk« lockt jährlich zur Schoppenzeche

Aus einem dörflichen Elsenfeld wurde eine Großgemeinde

Adelbraht de Elessasszun nahm am 10. Dezember 1122 am Hoftag in Aschaffenburg teil. Seine Anwesenheit ist in einer im Staatsarchiv Würzburg liegenden Urkunde erwähnt. Bei der Vorbereitung der Elsenfelder Ortschronik stieß man auf dieses Datum.

Aus einem kleinen Dorf wurde im Laufe der Jahrhunderte eine große Marktgemeinde. Spätestens mit der Eingemeindung von Rück, Schippach

Kloster Himmelthal, zwischen Rück und Eschau im Elsavatal gelegen

und Eichelsbach im Jahr 1971 gilt Elsenfeld als Großgemeinde. Der Wandel vom Dorf mit überwiegend landwirtschaftlichen Strukturen setzte nach dem Zweiten Weltkrieg ein. Die großzügige Ausweisung von Wohnflächen sorgte für einen starken Zuzug. Heute leben etwa 8000 Menschen auf dem Gebiet der Marktgemeinde. Seit 1971 bemüht man sich, mit der Ortskernsanierung ein Stückchen altes Elsenfeld zu erhalten. Hier, rund um die alte Dorfkirche, haben ein Heimatmuseum und ein Bibliotheksgebäude Platz gefunden.

Im Ortsteil Rück lockt der »Rücker Schalk« zur jährlichen »Rücker Schoppenzeche« sowie zur »Festlichen Weinprobe«.

In der Nähe des Elsenfelder Ortsteils Rück liegt das ehemalige Kloster Himmelthal, das vom Landkreis

Heimatmuseum des Marktes Elsenfeld

Miltenberg und dem Markt Elsenfeld restauriert worden ist. Hier werden Jugendliche in Förderlehrgängen auf die Berufsreife vorbereitet.

Zur Anlage gehört eine Klosterkirche, in der jedes Jahr Sommerkonzerte stattfinden. Kirchenführungen für Gruppen sind nach Terminabsprache mit Hans Bader, (0 60 22) 17 51, möglich.

Heimatmuseum (volkskundliche Sammlung von der Frühgeschichte bis zur Gegenwart)

Öffnungszeiten: An den Markttagen und nach Vereinbarung.

Hinter den letzten Häusern trifft man auf den Rotweinwanderweg

Blick vom Aussichtspavillon auf Erlenbach am Main

Nur selten »verläuft« sich jemand an das Mainufer von Erlenbach, wenige streifen durch den kleinen Altstadtkern. In jüngster Zeit hat man die Straßen neu gestaltet, ein Gegengewicht zu den großen Neubaugebieten geschaffen, die der Autofahrer kennt, wenn er nicht von der vorgegebenen Route abweicht. Mit den Glanzstoffwerken (später Enka, heute Akzo) wuchs das Dorf, wurde am 23. Mai 1970 zur Stadt erhoben. Die Beschäftigten des Chemie-Großbetriebes und der Schiffswerft müssen irgendwo wohnen. Schulen, ein Kreiskrankenhaus, ein Schwimmbad, Räume für kulturelle Veranstaltungen benötigen Platz. Doch schon hinter den letzten Häusern beginnt der Spessart, trifft man auf den Rotweinwanderweg, der, oberhalb des Bergschwimmbads, am 1961 errichteten Aussichtspavillon vorbei nach Klingenberg führt. 30 Kilometer markierte Wanderwege laden ein, auch einmal die Stadtteile Mechenhard und Streit zu besuchen. Am »Erlenbacher Hochberg« kommen Wanderer und Spaziergänger an »Portugieser«, »Spätburgunder«, »Müller-Thurgau«, »Silvaner«, »Riesling« und »Kerner« vorbei, der nicht nur anläßlich von Weinfesten, sondern auch in den das ganze Jahr über betriebenen Häckerwirtschaften probiert werden kann.

Auf der Wörth gegenüberliegenden Mainseite sieht man Erlenbach mit der Pfarrkirche Peter und Paul, die nachdem sie zu klein geworden war, einen modernen Anbau erhielt

Einen ganz anderen Eindruck erhält der Besucher an der Rückseite des Kirchenbauwerks

Eine ländliche Idylle am Rande des Elsavatals

Das Wasserschloß von Oberaulenbach

Gleich zwei Wasserschlösser stehen im Elsavatal in nächster Nähe zur Marktgemeinde Eschau. In Sommerau ist es eine Anlage, deren Ursprung auf das Jahr 1143 zurückgeht. Im Weiler Oberaulenbach ist es ein Schloß, mit dessen Bau vermutlich im 14. Jahrhundert begonnen wurde.

1378 findet sich ein Fritz Pfeil von Aulenbach in den Urkunden. Ab 1420 sind die Kottwitz von Aulenbach im Spessart nachweisbar. Der Vater des letzten Kottwitz verkaufte die Anlage 1693 für 30 000 Gulden an den kurmainzischen Amtmann in Klingenberg, den Freiherrn August Max aus der vormals in Mergentheim ansässigen Familie von Mairhofen.

Das Hauptgebäude aus spätgotischer Zeit steht auf einem Eichenrost. An das dreigeschossige Haus wurden 1579 Ost und Westflügel angesetzt. Später entstanden Kapelle und Treppenturm. Um 1755 kamen die Wirtschaftsgebäude hinzu, die heute teils als Wohnraum, teils als Stallung und Scheune verwendet werden. Die Familie von Mairhofen wohnte im Stadtschlößchen Klingenberg, nutzte Oberaulenbach zunächst nur als Sommerresidenz. Ende des 19. Jahrhunderts, zwischenzeitlich hatte man den Wohnsitz Klingenberg aufgegeben und war nach München

Das Wasserschloß von Oberaulenbach kann nur von außen besichtigt werden

gezogen, wollte man wieder nach Oberaulenbach ziehen. Das Schloß war jedoch nach Angaben im Eschauer Heimatbuch baufällig. Decken, Böden und Zwischenwände mußten erneuert werden. Nach der grundlegenden Renovierung 1913/14 wurde das Schloß wieder mit Leben erfüllt.

Die alte Einrichtung ging in der Renovierungsphase teilweise verloren. Holztäfelung und Möbel im Eßzimmer sind gerademal 80 Jahre alt. Sie wurden aus Eiche in der Schnitzschule des

Neuhammers bei Wintersbach gefertigt. Erhalten blieben die barocke Schloßkapelle und das Uhrwerk von 1760 im Obergeschoß des Treppenturms.

Auch wenn viele Wanderer und Radfahrer das Wiesental hinauf bis zum Wasserschloß kommen: An der 200 Jahre alten Steinbrücke ist Schluß. Helga Imhäuser, Tochter des 1976 verstorbenen Lothar Freiherr von Mairhofen hat nichts gegen Besucher, die von außen das Gebäude bestaunen. Die Wohnräume können jedoch nicht besichtigt werden. So bleibt allein das Staunen über eine Idylle mitten im Spessart. Im Hof picken die Hühner, watscheln einige Enten, Kühe und Katzen komplettieren die ländliche Stimmung. Der Gegensatz zum touristischen Rummel am einige Kilometer talaufwärts stehenden Schloß Mespel-

Blick auf den Eschauer Ortsteil Wildensee

brunn ist augenfällig. Während sich dort täglich hunderte von Besuchern einfinden, bleibt der Besucher von Oberaulenbach allein mit der Stille, die ihn umgibt.

Keinen Zugang haben Ausflügler zum Sommerauer Wasserschloß, das Eberhard von Fechenbach 1143 gründete. Auch hier bilden Eichenbohlen das Fundament für das auf sumpfigem Gelände entstandene Gebäude. Ursprünglich bildeten vier Flügel einen Innenhof. Die Zerstörungen im Bauernkrieg 1525 ließen nur den Nordwest- und den Nordostflügel stehen. 1543 begannen Oswald von Fechenbach und Kunigunde von Eberstein mit der Renovierung. Baubeginn für den Hauptflügel war 1613. Johann Reichard von Fechenbach und Maria Magdalena von Hettersdorf ließen 20 Jahre bauen. 1698 übernahmen Johann Philipp und Elisabeth Christina von Fechenbach das Schloß und setzten die Baumaßnahme fort. Ergänzungsbauten entstanden in der Zeit von Philipp Franz Christoph von Fechenbach (1762) und Hartmann Philipp von Fechenbach (1808). Seine Funktion als Adelssitz behielt das Wasserschloß bis zum Ersten Weltkrieg. Die letzten Fechenbacher, die hier wohnten, waren Karl von Fechenbach (gest. 1907) und seine Gattin

Berta (gest. 1916). Nach deren Tod übernahmen die von Aufseß die Räume. Sie wohnten jedoch nicht im Schloß. Die Räume wurden vermietet. Vor 1914 logierte ein Paar im Schloß, ausländische Geheimagenten, wie sich im nachhinein herausstellte. Zeitweise bewohnten französische Hochadelige das Gebäude. Auch ein deutscher Maler lebte im Sommerauer Wasserschloß. Nach dem Zweiten Weltkrieg waren im Erdgeschoß Flüchtlinge untergbracht. Bis 1956 hatte Dr. Josef Drescher seine Arztpraxis im Schloß.

Am Anwesen begann es nach und nach zu bröckeln. Die Eigentümerin, die in Laudenbach lebende Baronin von Aufseß, hatte nicht das Geld für eine Renovierung. Die Anlage wurde 1956 an den Krefelder Industriellen Kurt Kamphausen verkauft. Er ließ den Saalbau, der seit dem Bauernkrieg nur noch als Ruine stand, aufbauen und als Konzertsaal ausstatten. 1971 kaufte der Frankfurter Werbekaufmann Kurt Rediesz den Komplex, ließ ihn mit Millionenaufwand renovieren. Seit Mitte des Jahres 1995 steht das Schloß erneut zum Verkauf. Die Nutzung und die Frage: Werden Schloß und Park wie in der Nachkriegszeit erneut der Bevölkerung offen stehen? waren bis Juli 1995 nicht zu beantworten.

Eine Großgemeinde mitten im Wald und eine ehemalige Glasmachersiedlung

Das Flörsbachtal und die Gemeinde Frammersbach

Wenn auf dem Zimmernachweis von Flörsbachtal das Wort »Großgemeinde« steht, so meint das nicht die Zahl der Einwohner, sondern die Fläche, über die sich die Orte Lohrhaupten, Kempfenbrunn, Flörsbach und Mosborn erstrecken.

Lohrhaupten ist mit 1244 Einwohnern die größte, Mosborn mit 71 die kleinste der Gemeinden. Auf 315 bis 567 Meter über NN erwartet Wanderer, Ausflügler und Urlauber viel Platz. Umgeben von Wald und Wiesen laden Loipen im Winter und Wanderwege in der übrigen Jahreszeit zu Ausflügen ein. In Lohr-

Flörsbach ist einer von vier Ortsteilen

haupten gibt's ein Schwimmbad mit großer Wasserrutsche. Tagesausflügler, und Urlauber finden im Flörsbachtal Ruhe und Erholung, ohne auf kleinstädtisches Flair verzichten zu müssen. Lohr ist nicht weit.

Am Fuße der zweithöchsten Erhebung im Spessart, der Hermannskoppe (568 Meter), liegt Frammersbach. Wie manch andere Gemeinde des Spessarts war auch sie einmal eine bedeutende Glasmachersiedlung. Doch schon in mittelalterlicher Zeit war Frammersbach zu einem Ort von europäischer Geltung aufgestiegen – so der Prospekt des Verkehrsvereins. Angesehene Handelshäuser wie die Fugger hatten die Frammersbacher Fuhrleute mit der Beförderung von Waren betraut. Diese verkehrten mit ihren Wagen und Gespannen in Venedig, Köln, Antwerpen, Augsburg, Leipzig und Königsberg. Urlauber finden von Frammers-

bach ausgehend eine Vielzahl von Wandermöglichkeiten: Über die Heiligkreuzkirche in den Ortsteil Habichsthal oder Wiesthal; auf die Hermannskoppe zur Bayerischen Schanz; nach Ruppertshütten oder nach Lohr. In der warmen Jahreszeit lockt ein Schwimmbad. Bei guter Schneelage ist der Schlepplift in Betrieb und die Loipen sind gespurt.

Historischer Umzug in Frammersbach

Der Butterfaßturm der Ruine ist einmalig in Süddeutschland

Burg Freudenberg wurde vor dem Vergessen gerettet

»Eng am Main an den Berg gedrängt, liegt das Städtchen Freudenberg. Im Grunde ist es nur eine einzige Straße mit alten Giebelhäusern zu beiden Seiten, mit Rathaus, fürstlichem Amtshaus und alter katholischer Kirche in Tuchfühlung nebeneinander.« Helmuth Lauf, der mit diesen Sätzen seine Kurzgeschichte der Stadt Freudenberg einleitet, beschreibt damit den Kern einer Siedlung, die bereits um das Jahr 1000 in einer Urkunde genannt wird.

Keimzelle ist jedoch die als Militär- und Verwaltungsstützpunkt konzipierte Burg hoch über der Stadt. Sie entstand um 1190 gemeinsam mit der Stadtbefestigung. Die Anlage bietet eine Besonderheit: Knapp 15 Meter im Quadrat war der Bergfried als riesiger Turm geplant. Doch entstand er nicht an einem Stück. Diese sukzessive Bauweise führte dazu, daß der Turm nach oben hin immer schmaler wurde. So erhielt die Freudenburg einen soge-

nannten »Butterfaßturm« mit einer Höhe von 32 Metern. Diese Turmform ist einmalig in Süddeutschland. Mit seinem enormen Umfang schlägt er selbst die Amorbacher Wildenburg. In einer beispielhaften Aktion, die nicht nur mit Fördermitteln des Landes Baden-Württemberg, sondern auch mit einem Staatspreis gewürdigt wurde, gelang es einer Bürgerinitiative, in vier Jahren aus einem zugewachsenen Haufen Steine ein für jedermann

Das Wappen symbolisiert die Landesgrenze

Blick von Bayern aufs baden-württembergische Freudenberg

zugängliches Kleinod vor dem endgültigen Verfall zu bewahren. Nicht nur die Kulisse, sondern auch die Burgschauspiele locken viele Menschen auf den Berg und geben der Initiative im nachhinein recht. Inzwischen hat die Stadt die Burg vom Fürstenhaus Löwenstein-Wertheim-Freudenberg gekauft.

Doch nicht nur die Burganlage lohnt den Besuch. Auch die Stadt selbst lockt mit ihrer historischen Bausubstanz. Da ist zum Beispiel das Rathaus aus der Zeit um 1500, das Graf Asmus von Wertheim bauen ließ. Das Bauwerk krönt ein Türmchen, dessen Glöckchen bis zur Zeit um die Jahrhundertwende allabendlich um Mitternacht die Zecher zur Heimkehr ermahnte und aus diesem Grund den Beinamen »Lumpenglöckchen« erhielt.

1691/92 entstand die katholische Kirche mit Wappenschmuck und Pilastergliederung am Nordportal. 1627 wurde das Amtshaus erbaut.

Wichtig für Kunstinteressierte: die gotischen Wandmalereien in der Freudenberger Friedhofskapelle, die, so wird vermutet, die erste Pfarrkirche der Siedlung war. Zwischen 1290 und 1340 entstanden, wird ein Teil der Wandmalereien (Nord- und Ostwand) dem Urpharer Meister zugeschrieben. Wer

Von der restaurierten Anlage der Burg Freudenberg hat der Besucher einen schönen Blick ins Maintal

sich dafür interessiert, erhält bei der Stadtverwaltung weitere Informationen. Schade, daß insbesondere der Schwerlastverkehr dem Besucher ein längeres Verweilen verleidet. Manches Haus scheint bereits unbewohnt. Dabei verdient es die Stadt, von Besuchern in Ruhe erkundet zu werden. Beschaulich ist es dagegen am Mainufer unter den dichten Kronen alter Bäume, wo viele Radwanderer gerne eine Pause einlegen.

Fotoausstellung im Amtshaus
Öffnungszeiten: Besichtigung auf Anfrage; Auskunft bei der Stadtverwaltung, (09375) 92000
Schiffmuseum
Öffnungszeiten: Nach telef. Anmeldung bei Heinrich Dölger, Reitersgasse 3, (09375) 1634
Küfermuseum
Öffnungszeiten: Nach telef. Anmeldung bei Ludwig König, Pfarrgasse 1, (09375) 593

Drei Flüsse und drei Regionen münden in Gemünden

In Gemünden treffen sich Paddler, Radfahrer und Wanderer

Auf dem Gebiet der Stadt Gemünden überschneiden sich drei fränkische Fremdenverkehrsregionen: der Naturpark Spessart, der Naturpark Rhön und das fränkische Weinland treffen in einer malerischen Landschaft aufeinander. Eine wichtige Rolle spielt das Wasser. Gemünden wird auch als »Drei-Flüsse-Stadt« bezeichnet. Hier fließen nämlich Sinn und Fränkische Saale in den Main. Deshalb ist die Stadt auch für Paddler und Wildwasserfahrer zu einem interessanten Reiseziel geworden. Wer's etwas geruhsamer liebt, wird das Wasser entweder vom Fahrrad aus oder mit der Angel in der Hand beobachten. Oder er besucht das »Unterfränkische Verkehrsmuseum« im barocken Huttenschloß. Gemünden läßt sich auch zu Fuß erleben. Nach Besichtigung der gemütlichen Straßen und Gassen bietet sich ein Spaziergang auf dem Natur- und Geschichtslehrpfad am Burgberg an. Oder man genießt nach dem Aufstieg den Blick von der Ruine Scherenburg auf Main und Stadt.

Unterfränkisches Verkehrsmuseum (unterfr. Verkehrsgeschichte, Fischereiabt. mit lebenden Fischen) Öffnungszeiten: Di., Mi., Fr. 10–17 Uhr, Sa., So., Fei. 11–17 Uhr, (0 93 51) 60 01 50

Am Ufer der Fränkischen Saale lädt ein neugestalteter Spielplatz zum Verweilen ein

Den Blick ins Tal kann man sich »erarbeiten«

612 Stufen führen zum Franziskanerkloster

Wer den fränkischen Rotweinwanderweg als Wanderstrecke gewählt hat, kommt durch die Marktgemeinde Großheubach. Bereits seit dem 11. Jahrhundert wird hier Wein angebaut; bis 1254 läßt sich der Anbau urkundlich zurückverfolgen. In den vergangenen Jahrzehnten entwickelte er sich zusammen mit dem Tourismus zu einem bedeutenden Wirtschaftszweig.

Auf den aufgeheizten Natursteinterrassen wachsen neben den »Weißen« samtige, vollmundige und körperreiche Rotweine wie der blaue Spätburgunder. 120 Winzer bearbeiten auf dem »Bischofsberg« zumeist im Nebenerwerb rund 50 Hektar Rebfläche.

Auf einem 1989 entstandenen Weinlehrpfad erfahren Wanderer und Spaziergänger einiges über die hier angebauten Rebsorten und die Anbaumethoden.

Großheubach-Besucher, die sich für die Fachwerkarchitektur Frankens interessieren, finden im Ortskern zahlreiche Beispiele. Herausragend ist das ehemalige Rathaus mit reichem Zierfachwerk aus den Jahren 1611/12, das in der Hauptstraße steht.

Die Informationsbroschüre des Marktes nennt weitere Gebäude oder Gebäudeteile aus dem 17. und 18. Jahrhundert. Bis ins 16. Jahrhundert reichen die

Über Großheubach liegt das Franziskaner Kloster Engelberg

Anfänge des Abendanz'schen Hauses (Kirchstraße 6) zurück. Seinen Namen erhielt es durch Johann Simon Abendanz, der das Haus Mitte des 18. Jahrhunderts übernahm und umbauen ließ. Abendanz war damals einer der bedeutendsten Frankenweinhändler mit Verbindungen in ganz Süddeutschland und weiteren Filialen in Frankfurt und Augsburg. 1820 übernahm die Gemeinde das Anwesen, baute es zur Schule um. Später (1910), nach dem Bau eines neuen Schulgebäudes, wurde es Lehrerwohnung. Zwischen 1983 und 1990 wurde das Haus, inzwischen »ziemlich verwahrlost«, innen und außen restauriert. Es wird heute als Trauzimmer genutzt.

Rund 150000 besuchen Jahr für Jahr eine andere Sehenswürdigkeit: das Franziskanerkloster Engelberg mit seiner Wallfahrtskirche hoch über Großheubach. Frater Leander Tausch, Frater Helmut Münch und Pater Franz Gruber sorgen nicht nur für das seelische Wohl von Besuchern und Wallfahrern, sondern auch für deren leibliches. Klosterkirche, Klostergarten und Klosterschänke werden von der Franziskanergemeinschaft betreut. Wer sich den Besuch der Klosterkirche oder den Blick ins Maintal »erarbeiten« möchte, läßt das Auto im Tal stehen und steigt die 612 Sandsteinstufen hinauf, die von einigen Wegkapellen und Steingruppen gesäumt werden.

»Mit Leib und Seele« in historischer Umgebung

Der erste Eindruck sollte nicht täuschen

Wein, Bier, Landwirtschaft ein kleiner Flugplatz und eine Vielzahl von Gewerbe- und Industriebetrieben; das ist der erste Eindruck, den der Besucher erhält, wenn er sich Großostheim nähert. Doch die Marktgemeinde hat auch Historisches zu bieten.
In den vergangenen Jahren flimmerte die Kulisse des Marktplatzes mehrfach in deutsche Wohnzimmer. Aus Großostheim wurde Eberfeld, in dem ein Pfarrer eine Fülle von Problemen dieser Welt oft unkonventionell anging. »Mit

Leib und Seele« hieß die ZDF-Serie, in der der in Darmstadt wohnende Hobbywinzer und Schauspieler Günther Strack die Hauptrolle spielte.
Einhard, der Geschichtsschreiber Karls des Großen, erwähnte Ostheim im Jahr 828 in einer Urkunde, die eine Reliquienübertragung dokumentiert. Zu dieser Zeit steht bereits die dem Heiligen Martinus geweihte Kirche. Die Anfänge der Marktgemeinde gehen auf das 6. bis 8. Jahrhundert zurück. Doch bereits in vor- und frühgeschichtlicher

Zeit, so ergaben Funde, war der fruchtbare Lößboden im Bachgau besiedelt. Um 1250 gebaut und 1480 und 1771 erweitert bildet die Pfarrkirche St. Peter und Paul eine Seite des historischen Marktplatzes. Unter den Kunstwerken, die das Kircheninnere schmücken, ist die Beweinung Christi von Riemenschneider. Am Marktplatz steht das Nöthiggut, ein ehemaliger Herrensitz, der um 1500 erbaut worden ist und heute das Bachgaumuseum beherbergt. An der Niedernberger Straße liegt eine

Günther Strack »residierte« als Pfarrer Kempfert in der Serie mit »Leib und Seele« in Großostheim

der sieben Kapellen, die Großostheim kranzförmig umgeben. Die Heiligkreuzkapelle entstand um 1513. In ihr ist eine Kreuzigungsgruppe von Hanns Backoffen (1470-1519) zu besichtigen. Zwischen Graben- und Haarstraße steht die Drippelskapelle oder das »Drippelskerchelchen«, wie's im Volksmund heißt. Sie wurde um 1500 vom Schmied Peter Drippel gestiftet. Der zweiflügelige Altar, der sie früher zierte, ist im Bachgaumuseum zu sehen. Die Marienkapelle stand einst auf freier Flur. Heute befindet sie sich mitten im Baugebiet Krausengrund. Geläufiger ist die alte Bezeichnung »Frauhäuschen«. Gemeinsam mit der Alt-Heiligkreuz- sowie der Wendelinuskapelle bilden die drei Kapellen einen Bogen bis zum Wendelinusberg. Die Annakapelle im Ortsteil Pflaumheim wurde zwischen 1844 und 1847 errichtet und hat eine Vorgängerin. Das »alte Annahäuschen« stammt aus dem Jahr 1503. Bleibt noch die Mariengrotte zu erwähnen, die 1934 von ehemaligen Soldaten des I. Weltkriegs geschaffen worden ist. In Pflaumheim steht das älteste Rathaus des Bachgaus, ein Fachwerkbau von 1548. Im Ortsteil Wenigumstadt blieb ein Fachwerkensemble mit Rathaus von 1548 erhalten.

Wer sich Großostheims Umgebung zu Fuß oder mit dem Fahrrad »erarbeiten« möchte, sollte auch einmal durch die 28 Hektar Weinberge streifen und den Blick in den Bachgau oder ins Maintal hinüber nach Aschaffenburg genießen.
Bachgaumuseum
(Vor- und Frühgeschichte, Glas, Keramik, Möbel, Landwirtschaft, Handwerk)
Öffnungszeiten: Mai bis Juli und September bis Oktober Sonntag von 15–17 Uhr, (0 60 26) 12 26

Blick auf den Marktplatz von Großostheim

Vom Arme-Leute-Dorf und 36 Tonnen Steine

Fremdenverkehr und Eisenbahn auf einer Linie

Wer auf der Suche nach Kurangeboten ohne den üblichen Rummel ist, ist in Heigenbrücken gut aufgehoben. Das Tal der Lohr, kleine Seitentäler und rundherum nur Wald: Wanderer finden hier einen idealen Ausgangspunkt für Touren in alle Richtungen. Heigenbrücken ist von Aschaffenburg und von Lohr her mit der Bahn zu erreichen. Wer von Aschaffenburg kommt fährt durch den Schwarzkopftunnel (927 m lang), mit dem der Fremdenverkehr erst so richtig begann.

Vom Arme-Leute-Dorf zum Fremdenverkehrsort: Diese Entwicklung ist aus den Alpen bekannt. In Heigenbrücken war's nicht anders. 1477 wird die Siedlung erstmalig erwähnt. Eine vorherige Besiedlung wird zwar vermutet, blieb jedoch bislang unbewiesen. Vermutlich existierte schon 1432 eine Glashütte. Mit der Glasschmelze war's jedoch schon bald wieder vorbei. Arbeit fanden die Dorfbewohner allein in den Steinbrüchen; eine Arbeit, die viele Männer das Leben kostete, wie die Liste der Witwen in den Kirchenbüchern beweist.

Als 1854 die Eisenbahnlinie Frankfurt –Würzburg eröffnet wurde, fanden die Heigenbrückener nach und nach Anschluß an das Rhein-Main-Gebiet. Immer mehr Naturfreunde kamen in den Spessart, der mit der Bahn weniger beschwerlich und zeitraubend zu erreichen war. So entstand am Ortsrand 1928 das erste Familienbad in Bayern nördlich der Donau. So richtig los ging's mit dem Fremdenverkehr jedoch erst nach dem zweiten Weltkrieg. Die Zahl der Hotels, Gasthöfe und Pensionen wuchs stetig. Vergleicht man das heutige Ortsende von Heigenbrücken Richtung Jakobsthal mit einer Aufnahme aus dem Jahr 1930, wird

Der Ortskern von Heigenbrücken

einem der Wandel erst so richtig bewußt. Am Talboden das Schwimmbad und ein Sägewerk, das Hotel Hubertus und das ehemalige Kneipp-Kurheim am Hang: Das war's damals schon.

Doch auch heute noch sind Ruhe, Beschaulichkeit und abwechslungsreiche Wandermöglichkeiten das Pfund, mit dem die Gemeinde wuchern kann. Dazu passen die wenigen Sehenswürdigkeiten: In einem Wildgehege lassen sich Rot-, Dam- und Schwarzwild beobachten; wer's deftig liebt, kann an einer Köhlermahlzeit teilnehmen; und wer sich für Mineralien begeistert, kommt in der »Kristallstube« ins Staunen. Waltraud und Walter Narr betreiben in Heigenbrücken die einzige Edelsteinschleiferei im Spessart. Doch auch privat ist der Edelsteinschleifer ein Mineraliennarr. Seine neueste Erungenschaft: Ein zwei Meter hoher Amethyst, 75 Zentimeter breit, 40 Zentimeter tief und 537 Kilogramm schwer. Die Druse wurde im Süden Brasiliens entdeckt und hat mitten im Spessart einen würdigen Platz gefunden. Neben zahlreichen anderen Stücken hat Walter Narr aus 36 Tonnen Steinen eine Grotte angelegt, um den Besuchern etwas von der Faszination der Mineralien vermitteln zu können. Bescheiden nimmt sich

da der Bergkristall von 20 Kilogramm Gewicht aus. Und zu fast jedem Fundstück gibt es eine Geschichte gratis dazu.

Kristallstube
(Mineraliensammlung)
Öffnungszeiten: Mo.–Fr. 9–12 und 14–18 Uhr; Sa. 9–13 Uhr oder nach Vereinbarung.

Streichelzoo in Heigenbrücken

Rastplatz für Wanderer und Kurgäste

Romantik und Idylle am Main gegenüber der Karlburg

Altstadtsanierung rettete sehenswerten Stadtkern

Dank einer gelungenen Sanierung präsentiert sich Karlstadt als moderne Stadt mit historischem Kern, in dem sich der Besucher wohlfühlt. Der Blick von der Ruine Karlburg auf der gegenüberliegenden Mainseite

Karlstadts Stadtkern lädt zum Bummeln und Verweilen ein Am Main gelegen, nicht weit von Würzburg, wurde in Karlstadt trotz neuer Zeiten das Alte erhalten. Altstadtromantik und Dorfidylle sind eingeschlossen von Mauern, Türmen und Toren aus dem 13. Jahrhundert. Um 1200 ist Karlstadt gegründet worden. Heute noch kann der Besucher hier Bauwerke und Strukturen entdecken, die sich mehr als 700 Jahre erhalten haben. Dank der Altstadtsanierung blieben zahlreiche Fachwerkfassaden erhalten. Architektonisch ragen der romanisch-gotische »Kleinstadtdom« St. Andreas und die Treppengiebel des Rathauses von 1422 heraus. Aus dem Jahr 1386 ist die Stadtpfarrkirche mit zahlreichen wertvollen Holz- und Silberplastiken, u.a. dem St. Nikolaus von Tilman Riemenschneider. Aber auch die nähere Umgebung bietet dem Besucher manch abwechslungsreichen Ausblick. Die Reste der Karlsburg, auf der gegenüberliegenden Mainseite auf steilem Fels, sind Ziel von Wanderern und Spaziergängern. Von hier kann der Blick in Ruhe über die Stadt streifen. Weiter nördlich leuchtet der Muschelkalk in der Nachmittagssonne; darunter reift der Wein.

Wer gut zu Fuß ist, kann sich dieses Naturschutzgebiet »erarbeiten«. Als Ziel bietet sich Gambach an, einer der neun Stadtteile Karlstadts. Aber auch Stadelhofen, Laudenbach, Stetten, Wiesenfeld, Heßlar, Rohrbach, Karlburg und Mühlbach bergen manch architektonisches Kleinod. Und wer einmal abheben möchte, ist am »Saupurzel« richtig. Auf dem Hausberg der Karlstadter haben die Segelflieger ihren »Horst«. Einen Blick in Karlstadts Geschichte gibt's im *Stadtgeschichtlichen Museum* (Weinbau, Fachwerkbau, Vor- und Frühgeschichte, Stadtentwicklung). Öffnungszeiten: 1. Mai–31. Oktober, Mittwoch 16–18 Uhr, Samstag 15–17.30 Uhr, Sonntag 10–12 Uhr, jeden 1. Sonntag im Monat 14–16 Uhr. (0 93 53) 35 36

Das Tal ist ursprünglich geblieben

Das »Obere Kahltal« lockt mit der Natur

Das »Obere Kahltal« ist auch für Ausflügler aus der Rhein-Main-Ebene immer interessanter geworden. Mit Ursprünglichkeit und Gastfreundschaft haben Gastwirte wie private Zimmervermieter die Grundlagen für einen erholsamen Ausflug oder Urlaub geschaffen. Die Ortsteile des »Oberen Kahltals« sind Kleinkahl, Großkahl, Groß- und Kleinlaudenbach, Edelbach sowie der Weiler Bamberger Mühle. Die Kahlquelle als Abschluß des oberen Kahlgrunds hat schon immer Ausflügler angelockt. Ein gut ausgebauter Radweg und landschaftlich reizvolle Wanderungen auf rund 100 Kilometer ausgeschilderten Wegen machen es einfach, das Auto einmal stehen zu lassen. Man erreicht das »Obere Kahltal« entweder über die Autobahnabfahrt Hösbach (A 3) oder die Abfahrt Gelnhausen (A 45). Wer mit öffentlichen Verkehrsmitteln reisen möchte, kann ab den Bahnhöfen Aschaffenburg oder Gelnhausen den Bus nehmen. Alternativ kommt man mit den Zügen der Kahlgrund-Verkehrsgesellschaft bis Schöllkrippen und von dort zu Fuß oder mit dem mitgebrachten Fahrrad ins Obere Kahltal.

Einen erholsamen Aufenthalt im oberen Kahltal ermöglicht die Ursprünglichkeit der Natur rund um Kleinkahl

Blick aufs Stadtschloß mit 70 Prozent Neigung

Früher waren 88 Hektar mit Reben bepflanzt

Blick über Klingenbergs Altstadt mit dem Stadtschloß in der Mitte

Bis zu 70 Prozent Neigung haben die Weinberge Klingenbergs. Auf 17 der 22 Hektar wird Rotwein angebaut, was Klingenberg zur größten Rotweingemeinde Frankens macht. Im Vergleich zum 19. Jahrhundert, als noch 88 Hektar mit Reben bepflanzt waren, nimmt sich die heutige Anbaufläche dagegen bescheiden aus. Klingenberg ist nicht nur mit dem Auto, sondern auch mit der Bahn (Bahnhof Trennfurt) und dem Fahrrad gut zu erreichen. In der Altstadt sind die ersten Ergebnisse der Sanierung zu sehen. Mit viel Liebe wurden bereits einige Fachwerkhäuser restauriert.

Nachdem es um das Stadtschloß jahrelang still geworden war, ist der Innenhof nun wieder geöffnet. Seit 1992 lassen die in Oberaulenbach ansässigen Besitzerinnen Helga Imhäuser und Erika von Mairhofen, Töchter des verstorbenen Freiherrn von Mairhofen, das Gebäude renovieren. In den Nebengebäuden wurden inzwischen drei Privatwohnungen eingerichtet. Weiterer Wohnraum soll im Torbau entstehen. Vorgesehen sind auch Büros und Geschäftsräume. Die Idee, eine Gaststube im tonnengewölbten Keller einzurichten, ließen die Eigentümerinnen fallen. Der Umbau wäre zu teuer geworden.

Das Schloß war nach 1560 als repräsentativer Wohnsitz von den Kottwitz von Aulenbach errichtet worden. 1693 zogen die Freiherren von Mairhofen ein und statteten das Innere mit Stuckdecken und barockem Mobiliar aus. Nahezu unversehrt überstand das Anwesen alle Wirren und Kriege. 1894 löste die Familie von Mairhofen den Klingenberger Wohnsitz auf und zog für 21 Jahre nach München. In der Zwischenzeit bewohnte der Direktor des Tonbergwerks das Schloß. In nationalsozialistischer Zeit beherbergte das Gebäude eine Truppenführerschule und ein Lager des freiwilligen Arbeitsdienstes. Während der Kriegsjahre waren Düsseldorfer Kinder im Rahmen der »Kinderlandverschickung« untergebracht. Nach dem Krieg diente das

Schloß als kurzzeitige Unterkunft für zurückzuführende Kriegsgefangene, Fremdarbeiter und Heimatvertriebene. Bereits im Dezember 1944 begann eine weitere Entwicklung. Mit zwei Klassen zog die private Handelsschule von Aschaffenburg nach Klingenberg. 1947 wurde sie in die »Öffentliche Handelsschule Klingenberg« umgewandelt. Aus ihr ging 1951 die staatliche Mittelschule für Knaben und Mädchen hervor. Parallel dazu waren im Komplex auch die Räume der Hauptschule (1946-1955) untergebracht. 1963 ging die Realschule nach Obernburg. In der zweiten Hälfte der Sechziger Jahre hatten die Glanzstoffwerke die Räume gemietet und hier türkische Arbeiter untergebracht.

Während das Stadtschloß eine Renaissance erfährt, ist die Clingenburg über der Stadt nur noch eine Ruine. Über einen Fußweg, die Straße oder durch die romantische Seltenbachschlucht erreicht man die Burg, die sich Conradus Colbo, der Mundschenk Kaiser Barbarossas, 1170 bauen ließ. Im Schutz der bis ins Tal hinabreichenden Flankenmauern siedelten sich Bedienstete, Handwerker, Winzer und Fischer an. Ziel von Wanderern und Spaziergängern ist nicht nur der Sonnenweg durch die Weinberge, sondern auch der Aussichtsturm mit bewirtschafteter Hütte. Die Höhenwege – entweder durch die Weinberge oder durch den Eßkastanienwald – führen in den Stadtteil Röllfeld oder über die Paradeismühle nach Großheubach. Wenn's für ausgedehnte Wanderungen zu heiß ist, kann man im Stadtteil Trennfurt auf der Großwasserrutsche ins kühlende Naß des Schwimmbads rutschen. Besucher, die sich für die Geschichte der Stadt und ihrer Menschen interessieren, sollten nicht versäumen, das Weinbau- und Heimatmuseum, nur wenige Schritte hinter dem Brunntor gelegen, zu besuchen.

Weinbau- und Heimatmuseum (Weinbau und Handwerk, Tonbergwerk, Fischerei und Mainschiffahrt, Leben der Frau zu Beginn des 20. Jahrhunderts)
Öffnungszeiten: Feiertags und an örtlichen Festtagen sowie von Juli bis September jeweils am Sonntag von 15–17 Uhr und nach Vereinbarung (09372) 13311 o. 2258
Teddymuseum
Öffnungszeiten: Dienstag bis Freitag von 14–18 Uhr, Samstag und Sonntag 10–18 Uhr

Vom Sonnenweg hat der Klingenberg-Besucher einen schönen Blick auf die Altstadt mit Torturm und Stadtschloß

Die Kulisse einer gemütlichen fränkischen Stadt

Lohr ist zweitgrößter Kommunalwaldbesitzer in Bayern

Lohr ist eine der wenigen Städte in Franken, die für die Verleihung des Stadtrechts eine kaiserliche Urkunde besitzen. Der Ort erhielt sie am 29. Juli 1333 von Kaiser Ludwig IV., genannt der Bayer. Die älteste Urkunde stammt aus dem Jahr 1295. Noch eine Beson-derheit: Lohr ist zweitgrößter Kommu-nalwaldbesitzer in Bayern. Damit ist über Lohr jedoch noch lange nicht alles gesagt. Zahlreiche historische Bauwerke sind die Kulisse für eine gemütliche fränkische Stadt mit allen Annehmlichkeiten der heutigen Zeit.

Sehenswürdigkeiten sind u.a. das Renaissance-Rathaus (1602), die Stadt-pfarrkirche »St. Michael« (13.–15. Jh.), das ehemals Kurmainzer Schloß – vor-her rieneckisches Schloß – (15.–17. Jh.), das ehemalige Kapuzinerkloster (17. Jh.), die Pestkapelle St. Valentin

Aus dem Spessart kommend trifft der Wanderer bei Lohr auf den Main

Das Spessart-museum ist im Lohrer Schloß untergebracht

(1660), der Stadtturm – genannt Bayersturm (1330–1385) nach der dort über 200 Jahre wohnenden Türmerfamilie Bayer – , Reste der Stadtbefestigung, das malerische Fischerviertel, Barockschloß und -kirche in Steinbach sowie die Kloster- und Wallfahrtskirche (1720) Mariabuchen. Eine Besonderheit in der Museumslandschaft ist das »Spessartmuseum – Mensch und Wald« im Lohrer Schloß. Auf vier Ebenen, in 40 Räumen sind rund 12 000 Objekte zu sehen, die vom »Spessart als Rohstofflager«, dem »Spessart als menschlicher Lebensraum«, über die »Hauptnutzung des Waldes« zur »Nebennutzung« reichen. Einige Stichwörter: Forst- und Jagdwesen, Glas, Holzprodukte, Rittersaal, Räuber und Not, Sandstein, Eisen, Ton. Im Städtischen Schulmuseum finden Besucher nicht nur historische Ausstellungsstücke, sondern auch viel Wissenswertes über die Schule als Spiegelbild der jeweiligen Gesellschaft. Schwerpunkte der Ausstellung sind das Kaiserreich um 1910 und das 3. Reich. Zur Stadt Lohr gehören auch Sendelbach, das 1939 eingemeindet wurde. 1972 und 1978 kamen weitere sieben Umlandgemeinden (Halsbach, Pflochsbach, Rodenbach, Ruppertshütten, Sackenbach, Steinbach und Wombach)

hinzu. Wanderern bietet Lohr nicht nur 300 Kilometer markierte Wanderwege, sondern auch allerhand lohnende Ziele. Die Klosteranlage Maria Buchen, die 1995 ihr 600jähriges Bestehen feiert, ist ein Ziel; der 33 Kilometer lange Schneewittchenwanderweg von Lohr nach Bieber eine Herausforderung. *Linienschiffsfahrt* auf dem Main: jeden Sonntag Rundfahrt um 14 Uhr, jeden Mittwoch entweder nach Marktheidenfeld (Abfahrt 11 Uhr) oder nach Wertheim (Abfahrt 13 Uhr)
Spessartmuseum
(Mensch u. Wald, »Lohrer Spiegel«,

Spessart-Glas, Handwerk, »Räuber im Spessart«)
Öffnungszeiten: Sonn- u. Feiertag 10–17 Uhr, Dienstag bis Samstag 10–12 und 14–16 Uhr, (0 93 52) 20 61
Städtisches Schulmuseum im Stadtteil Sendelbach (Schulgeschichte von der Reformation bis heute, auch ehemalige DDR, Lehrerwohnung, Karzer)
Öffnungszeiten: Mittwoch–Sonntag von 14-16 Uhr und nach Vereinbarung (0 93 59) 317
»Bayersturm« zum Besteigen geöffnet von April bis Oktober, jeweils Samstag und Sonntag von 10-12 Uhr

Der »Ort zwischen Wald und Reben«

Marktheidenfeld wurde im 18. Jahrhundert reich

Von Westen kommend lädt bereits der Blick von der anderen Mainseite zu einem Besuch Marktheidenfelds ein. Über die Sandsteinbrücke, die auch das Wappen der Stadt bestimmt, nähert sich der Besucher dem Ort zwischen »Wald und Reben«. Eine Brücke stellt Marktheidenfeld – so der Prospekt des Fremdenverkehrsamtes – im übertragenen Sinn dar: Hier verbinden sich fränkisches Weinland und waldreicher Spessart. Schon im 8. Jahrhundert war der Ort am Main besiedelt. Vermutlich im 14. Jahrhundert von den Wertheimer Grafen mit Marktrecht ausgestattet, erhielt die Siedlung 1420 Turm und Mauern und wurde 1948 zur Stadt erhoben. Reich wurde Marktheidenfeld Mitte des 18. Jahrhunderts durch Weinbau, Weinhandel und nicht zuletzt durch den Transport auf dem Fluß. Die Verleihung der Stadtrechte nach dem Zweiten Weltkrieg gab dem Ort neue Impulse. Die Einwohnerzahl verdoppelte sich.

Durch die Ansiedlung von Gewerbe und Industrie gediehen auch Handel und Gastronomie. Stolz verweist der Werbeprospekt auf die leistungsfähige Restaurants. Der Main liefert den Fisch, der Wald das Wild, die Berge den Wein und das Land die Braugerste. Die Gasthöfe servieren die Produkte der Region

Blick auf Markt-heidenfeld vom Westufer des Mains

sowohl für die Liebhaber von »Mutters Küche« als auch für den Gourmet. Marktheidenfelds ganzer Stolz ist jedoch das »Maradies«, ein Erlebnisbad am Rande der Stadt. Ein Hallen- und ein Freibad wurden mit einer 71 Meter langen Tunnel-Wasserrutschbahn verbunden. Wildwasserkanal und Gaudibecken locken die Jugend, Grillstation, Saunatrakt und Kneipp-Anlage die Erwachsenen.

Als kulturelles Erbe bewahrt Marktheidenfeld das Haus Flasch, einen Rokokobau aus dem Jahr 1745 mit wertvollen Gobelins, Stukkaturen und Deckengemälden. Zu sehen sind auch Erinnerungen an den Maler Hermann Gradl (1883–1958). Einen Teil seiner Landschafts-Gemälde hat er der Stadt vermacht.

Gerätesammlung Greß-Scheune (landwirtschaftliche und handwerkliche Geräte)
Öffnungszeiten: Nach Vereinbarung (09391) 50040 (Stadtverwaltung)
Gradl-Galerie im alten Rathaus (Gemälde)
Öffnungszeiten: Von Mai bis September jeden 1. Sonntag im Monat oder nach Vereinbarung (09391) 2604

In Nachbarschaft
zum »Wirtshaus im Spessart«

Wo der Graf zum ersten Bürger gemacht wurde

Warum gerade Mespelbrunn? Zahllose hervorragend renovierte Schlösser mit sehenswerten Ausstellungen sind in Deutschland zu besichtigen. Dennoch nehmen Tausende jährlich stundenlange Fahrten mit dem Omnibus oder das Schwitzen im sommerlich heißen Auto auf sich, um einen Blick auf das Wasserschloß am Waldrand zu werfen. Und da steht man nun davor und sagt sich: Ja, es hat was! »Gesehen hab' ich das auch schon einmal,« wird da getuschelt. Aber wo?

1957 war das, und mit schöner Regelmäßigkeit zeigt es das Fernsehen. Kurt Hoffmann führte damals Regie; Lieselotte Pulver, Carlos Thomson und Wolfgang Neuss begeisterten das Nachkriegskinopublikum: »Das Wirtshaus im Spessart« hieß der Streifen. Genau … und die Kulisse bildete der Stammsitz derer von Echter.

Schloß Mespelbrunn ist jedoch nicht nur Filmkulisse, Museum und Touristenmagnet. Noch heute ist das Gebäude gräflicher Familiensitz. Und seit dem 1. Mai 1978 haben die Mespelbrunner »ihren« Adeligen auch zum ersten Bürger gewählt. Als Bürgermeister und Vorsitzender der Verwaltungsgemeinschaft, zu der auch Heimbuchenthal gehört, steht Albrecht Graf von Ingelheim der Gemeinde vor.

Das Äußere des Schlosses veränderte sich im Laufe von 500 Jahren mehrfach. Am 1. Mai 1412 schenkte Erzbischof Johann von Mainz den Platz »Zum Espelborn« dem Ritter Hamann Echter aus dem Odenwald. 1419

entstanden Haus und Hof. Der gleichnamige Sohn des Ritters ließ zwischen 1427 und 1434 ein »festes Haus« bauen. Mauern und Türme sollten Leib und Leben, Hab und Gut in der unruhigen Hussitenzeit schützen. Aus dieser

Kulisse für einen Film und Wohnung für die gräfliche Familie: Schloß Mespelbrunn wird von Tausenden besucht und fotografiert

Epoche stammen die Untergeschosse der später erhöhten Türme. 1519 entsteht im Südosteck des Hofes das heute noch bestehende Untergeschoß. Ab 1551 ließ Peter Echter von Mespelbrunn die Gebäudeteile zum Renaissanceschloß ausbauen. 18 Jahre dauerte der Umbau. 1665 starb die männliche Linie derer von Echter aus, heiratete ein Sproß derer von Ingelheim ein. Mit Erlaubnis des Kaisers wurde das Echterwappen dem eigenen hinzugefügt. Weitere Einflüsse auf das Schloß brachten die Epochen des Barock und der Romantik.

Das Schloß kann auch besichtigt werden. Zu sehen gibt's Erinnerungsstücke, eine Sammlung asiatischen Porzellans, Stiche von Albrecht Dürer, Jagdtrophäen und eine Waffensammlung.

Ein weiteres kulturhistorisches Kleinod findet der Reisende im Ortsteil Hessenthal, das als ältester Wallfahrtsort Unterfrankens gilt. In einer Urkunde des Erzbischofs Gerhard von Mainz wird die Hessenthaler Kirche 1293 erstmalig erwähnt, was als Hinweis auf ein Bestehen der Wallfahrt bereits vor diesem Jahr gewertet wird. In der Kirche können die Besucher eine Pieta von Tilman Riemenschneider und eine Hochkreuzgruppe von Hanns Backoffen betrachten.

Schloß Mespelbrunn
Öffnungszeiten: täglich 9–12 und 13–17 Uhr; Sonn- und Feiertage 9–17 Uhr; von Mitte November bis Mitte März geschlossen)

Die Wallfahrtskirche von Hessenthal ist die älteste ihrer Art in Unterfranken

Blick auf das Straßendorf Mespelbrunn, das seit vielen Jahren Fremdenverkehrsmagnet ist

»Der schönste Burghof Deutschlands«

Miltenberg bietet Besuchern viel Verlockendes

Miltenbergs Altstadt lockt Jahr für Jahr mehr Besucher. Eine Attraktion ist die Burg über der Stadt

Eine Stadt, die fast alle touristischen Möglichkeiten bietet, ist Miltenberg: historische Gebäude, eine Vielzahl von Geschäften, ein reges Treiben auf dem Main, ein Wald, der gleich hinter den letzten Häusern beginnt. Wen wundert's, daß die von mittelalterlichen und romantischen Häusern gesäumten Straßen von vielen Gästen gefüllt werden.

Funde belegen, daß Miltenberg bereits zwischen 1200–700 v. Chr. besiedelt war. Es folgten die Römer. Im Mittelalter wird aus dem Altstadtkastell das oppidum Walehusen, Vorläufer der Stadt Miltenberg. Zu dieser Zeit wurde in großem Maße Sandstein gebrochen und behauen. Die im Bullauer Wald liegenden Heunesäulen (ein Exemplar steht am Mainufer, ein weiteres auf dem Domplatz in Mainz) sind Zeugen dieser Zeit.

Die Bezeichnung »Miltinburc« kennzeichnet 1226 erstmalig den Besitz des Mainzer Erzbischofs. 1237 nennt eine Urkunde für das Kloster Bronnbach Miltenberg als Stadt, Zollstelle und Handelsplatz. Der Handel, begünstigt durch eine verkehrsgünstige Lage, läßt die Stadt wachsen. Das Würzburger und das Mainzer Tor (spitzer Turm) stehen bereits 1379. 1391 hat man in wirtschaftlicher Hinsicht sogar Aschaffenburg überflügelt.

In den folgenden Jahrhunderten teilt Miltenberg das gleiche Schicksal wie andere Städte: Überfälle, Kriege, Plünderungen, Pest und Cholera sowie ein ständiger Wechsel der Fürstenhäuser und Landesherren. Aus der Zeit, in der die Handelswege durch Miltenberg hindurchführten, ist ein Großteil der alten Bausubstanz erhalten geblieben. Der Gasthof »Riesen« gilt als älteste Fürstenherberge Deutschlands. Am Beginn der Fußgängerzone steht das ehemalige Gasthaus »Gülden Cron« aus dem Jahr 1623. Besonders sehenswert: das Schnatterloch, ein Fachwerken-semble im Schatten der Burg und das alte Rathaus. Überragt wird die Altstadt von der Mildenburg, die um das Jahr 1200 als Landesfestung von den Erzbi-schöfen und Kurfürsten von Mainz errichtet wurde. Zwischen 1484 und 1504 entstand der östliche Erweite-rungsbau. Im Markgrafenkrieg steckte Graf Christoph v. Oldenburg die Anlage in Brand. Seitdem ist der Ostflügel eine Ruine. Im Renaissance-stil wurde das Hauptgebäude wieder-aufgebaut. Die Mildenburg wandelte sich von der Wehranlage zum fürstli-chen Repräsentationsobjekt. Im Burghof, den Sven Hedin zum schön-sten Deutschlands erklärte, war bis Juli 1995 eine Sandsteinsäule zu besich-tigen, die ab Januar 1996 im Museum der Stadt Miltenberg stehen wird: der Toutonenstein. Im 2. oder 3. Jahrhun-dert war begonnen worden, sie zu beschriften. Die Arbeit des Steinmetz blieb jedoch unvollendet. Mehr als 20 Deutungen der Inschrift gibt es. Doch keine kann befriedigen. 1979 erwarb die Stadt die Burganlage.

Wer Miltenberg intensiver kennen-lernen möchte, sollte sich in der Tourist Information im Rathaus am Engelplatz die Broschüre »Romantik sehen und erleben!« geben lassen, in der auf weitere Sehenswürdigkeiten und Entdeckenswertes in den Stadtteilen Schippach, Breitendiel, Mainbullau, Monbrunn und Wenschdorf hinge-wiesen wird.

Museum der Stadt Miltenberg (Eröff-nung Januar 1996)
(1. Abschnitt: Römerabteilung, Geschichte des Museumskomplexes, Mittelalter, 19. Jhd., volkskdl. Slg. später folgt 2. Abschnitt mit dem Thema Fachwerkgeschichte)
Öffnungszeiten: tägl. außer Montag von Mai bis Oktober von 10-17 Uhr, sonst von 10-12 und 14-17 Uhr.

Das Schnatter-loch: Historisches Fachwerken-semble unterhalb der Burg

Fremdenverkehrsmagnet mit langer Tradition

Schwimmbad und historischer Ortskern in Mönchberg

Mönchberg ist eine der wenigen Spessartgemeinden , in denen der Fremdenverkehr schon frühzeitig gefördert wurde und zu einem bedeutenden Wirtschaftszweig geworden ist. Und dennoch: Es geht geruhsam zu in der Gemeinde, die bereits 1367 zum Markt erhoben wurde. Ein Magnet für Besucher und zugleich ein entwicklungsgeschichtliches Zeugnis ist das Bad von Mönchberg. 1936 begannen die Bauarbeiten. »Kraft-durch-Freude-Bad« wurde es genannt, obwohl der Gemeinderat nicht eine müde Reichsmark aus dem Topf der Organisation erhalten hat. Zuschüsse gab's nur indirekt. Denn »Kraft durch Freude« garantierte, nach Fertigstellung 1938 wöchentlich zwei Busse mit Besuchern zu schicken, die aus dem gesamten damaligen Reichsgebiet herangekarrt wurden. Diese Abmachung wurde jedoch nur mündlich getroffen. Anfänglich als Feuerlöschteich geplant war im Brunnwegsgraben ein für die damalige Zeit und die exponierte Lage (mitten im Spessart) ein großartiges Schwimmbad entstanden, mit dem man in ganz Unterfranken Aufsehen erregte. Doch schon 1939 war mit den Bemühungen Schluß, den bereits seit den zwanziger Jahren keimenden Tourismus zum blühen zu bringen.

Im alten Rathaus ist das Heimatmuseum Mönchbergs untergebracht

Aber gleich nach dem Krieg kamen sie wieder in Scharen; diejenigen die Ruhe und Erholung suchten, die, die aus den ausgebombten Städten des Rhein-Main-Gebiets auf der Suche nach einem Fleckchen heile Welt waren. Während im Marktgemeinderat laut über die

Schließung und die Beseitigung des Bades nachgedacht wurde, reaktivierte der damalige VfL-Vorsitzende gemeinsam mit den Vereinsmitgliedern das Bad. Sein Name ist auch noch heute vielen Menschen der Region geläufig: Hans Goihl. Erst ab 1950 übernahm der Markt Mönchberg den Betrieb. 1969/70 und 1991/93 wurde das Schwimmbad saniert, um auch zukünftig attraktiv zu bleiben. Denn im Gegensatz zur Nachkriegszeit ist die Konkurrenz heute durch eine Vielzahl von Bädern zwischen Alzenau und Würzburg groß. Doch das ist nicht alles, was Mönchberg seinen Besuchern bietet. Eine Mauer aus dem 14. Jahrhundert umschließt einen Ortskern, der seit einigen Jahren saniert wird. Das Ergebnis kann sich sehen lassen. Das alte Rathaus aus dem 17. Jahrhundert wurde restauriert, ein moderner Anbau hinzugefügt. Hier findet der Besucher ein heimatgeschichtliches Museum, einen historischen Festsaal für Trauungen, Ausstellungen und Empfänge, die Tourist-Information, Bücherei und Leseraum sowie einen Bürgersaal. Sehenswert ist auch die Barockkirche aus dem 18. Jahrhundert. 1749 bis 1751 entstand dieses Baudenkmal mit überörtlicher Bedeutung. Nach umfangreichen Restaurierungsarbeiten steht sie seit dem Herbst 1994 wieder den Besuchern offen.

Heimatmuseum im alten Rathaus (Mensch und Obrigkeit in einer fränkischen Landgemeinde zwischen dem 17. und 19. Jahrhundert)
Öffnungszeiten: Dienstag bis Samstag von 10-12, Sonntag von 14-17 Uhr oder nach Vereinbarung, (093 74) 76 40

Das sanierte Mönchberger Schwimmbad

Noch heute lockt das Bad die meisten Urlauber

Älteste Siedlung am unteren Mainviereck

Neustadts Geschichte ist auch Klostergeschichte

Fast bis an die letzten Häuser reicht der Wald bei Neustadt. Über die Streuobstwiesen fällt der Blick auf die Klosteranlage

Am Ostrand des Spessarts liegt Neustadt am Main mit seinem Ortsteil Erlach auf der gegenüberliegenden Seite des Flusses. Im Ortsprospekt wird Neustadt als die wohl älteste Ansiedlung entlang des unteren Mainvierecks bezeichnet. Ursprung ist die Klostergründung des Benediktinerordens zur Zeit Karls des Großen. Es wird 769 erstmalig urkundlich erwähnt. Doch bereits aus Stein- (3. Jahrtausend v. Chr.), Bronze- (2. Jahrtausend v. Chr.) und jüngerer Eisenzeit (1. Jahrtausend v. Chr.) gibt es Hinweise auf eine

Besiedlung. 1803 verloren die Mönche ihr Kloster durch die Säkularisation der Kirchengüter. Die Gebäude fielen an den Fürsten Konstantin von Löwenstein-Wertheim-Rosenberg. Er brachte hier die Angestellten und Beamten der fürstlichen Verwaltung unter. Die Abteikirche wurde jedoch 1837, nach gründlicher Instandsetzung, wieder als Gotteshaus genutzt. 1857 brannte die gesamte Anlage nach einem Blitzeinschlag vollkommen nieder. Erst 1879 wurde die wiederhergestellte Kirche neu geweiht. Fürst Karl zu Löwenstein-

Wertheim-Rosenberg schenkte die Abteikirche 1949 der Kirchenstiftung Neustadt. Bereits 1907 hatten Dominikanerinnen ihr Noviziat für Deutschland im Gebäude des ehemals fürstlichen Rentamts eingerichtet. 1962 weihten die Ordensschwestern einen Neubau ein, für den auch ein Teil der alten Steinmetzarbeiten verwendet worden war. Die Steine waren beim Abbruch der Benediktiner-Klosterruine gesichert worden. Mit dem Abriß von zwei Wirtschaftsgebäuden begann 1974 der Umbau für ein Rehabilitationszen-

trum. Es dient der Eingliederung
psychisch Behinderter. Nach 20 Jahren
wurden die Bauarbeiten im November
1994 abgeschlossen. Im Kirchturm sind
u.a. noch Steinfragmente aus romani-
scher und vorromanischer Zeit zu
sehen. Neustadt am Main ist auch Ziel
oder Ausgangspunkt für Wanderer. Im
Westen führen markierte Wege durch
die Fürstlich Löwensteinschen
Waldungen. Im Osten, auf der anderen
Mainseite, besuchen Spaziergänger und
Wanderer die mitten im Wald gelegene
Gertraudenkapelle.
Lapidarium im Kirchturm
(vorromanische und romanische Steinfragmente, sakrale Objekte aus dem
alten Kloster, Gertrudenmantel)
Öffnungszeiten: Nach Vereinbarung
(0 93 93) 506 (Gemeinde) oder
(0 93 93) 530 (Pfarramt)

Ursprung Neustadts ist die Klostergründung des Benediktinerordens 769

Ein Spaziergang von der Römer- in die Neuzeit

Die Broschüre »Historischer Stadtrundgang Obernburg am Main«

Das Kulturangebot in der Kochsmühle reicht von Kleinkunst bis Musik

Wer in Obernburg nicht nur alte Steine ansehen, sondern auch etwas über deren Geschichte erfahren möchte, sollte beim Fremdenverkehrsamt der Stadt die Broschüre »Historischer Stadtrundgang Obernburg am Main« anfordern. An den historisch bemerkenswerten Plätzen und Gebäuden findet der Besucher Hinweistafeln, die durchnummeriert wurden. Die Ziffern finden sich in der von Leo Hefner getexteten und gestalteten Schrift wieder. Von der Römerzeit bis in die Neuzeit gibt die Broschüre viele interessante Details preis. Wo man ohne die Informationen achtlos vorübergehen würde, verweilt man mit den Texten auch einmal etwas länger. Wer weiß schon, daß die 1964 errichtete Unterkirche dem 4. Bischof von Philadelphia (USA), Johann Nepomuk Neumann, geweiht wurde, der der erste amerikanische Heilige war und dessen Vater aus Obernburg stammte? Historisch faßbar wird der Ursprung Obernburgs erst durch die Anlage eines römischen Kohortenkastells und das der nemaningensischen Späher, das seit den Jahren 83/85 n. Chr bestand. In dieser Zeit ließ Kaiser Domitian das 120 römische Meilen lange Limesstück durch Kastelle und Wachtürme sichern. Nach dem Eindringen der Alemannen und der Franken wird 1313 zu einem denkwürdigen Jahr: Erzbischof Peter von Mainz erhob das Dorf zur Stadt und ließ sie im 14. und 15. Jahrhundert zur Festung ausbauen. Ihren Namen erhielt die Stadt nach der römischen Zeit. Aus Nemaninga wurde Obrincburc. Obernburg besitzt auch fünf Türme und zwei Tore. Das Obere Tor wird wegen seiner aus dem Jahr 1523 stammenden Uhr auch Uhrturm genannt. In unmittelbarer Nähe steht der Täschenturm. Wahrzeichen der Stadt ist der Almosenturm. Hier erhielten unschuldig verarmte Einwohner aus einem Stiftungsvermögen Geld und Lebensmittel. Vom Gumpenturm, auch Storchennestturm genannt, stehen noch drei Geschosse. Der Hexenturm erinnert an die Hexenprozesse des 17. Jahrhunderts. Interes-

sant ist auch der Runde Turm, dessen Höhe exakt seinem Umfang entspricht. Nun ist das noch lange nicht alles, was es in Obernburg zu entdecken gibt. Es ist, vielleicht beim nächsten Ausflug mit dem Fahrrad (Maintal-Radweg), ein lohnendes Ziel. Obernburg ist auch mit der Bahn (Bahnhof Elsenfeld auf der gegenüberliegenden Mainseite) erreichbar.
Interessant ist ein Besuch des Stadtteils

Eisenbach mit seinem Heimatmuseum, dem Neustädterhof (zwischen Eisenbach und Mömlingen) mit Resten einer mittelalterlichen Wasserburg, dem Lauterhof, dem Naturfreundehaus und dem Obernburger Waldhaus. Die ehemaligen Eisenerz- und Basaltgruben sind wegen Einsturzgefahr nicht mehr zu besichtigen.
Heimatmuseum
(Basaltabbau, Landwirtschaft, Hand-

werk, Foto- und Textdokumente der Ortsgeschichte)
Öffnungszeiten: Nach Vereinbarung mit Walfried Giegerich (0 60 22) 3 13 18
Römermuseum (Funde aus der römischen Anlage Nemaninga, Grabsteine, Altäre, Götterfiguren, Grabbeigaben, Zähne von Urtieren)
Öffnungszeiten: Während der allgemeinen Dienstzeiten im Rathaus, (0 60 22) 5 00 20

Das Rathaus der Römerstadt Obernburg mit Museum

Die Dörfer Partenstein, Neuhütten und Wiesthal

Natur im »Dreierpack« für den Ausflügler

Im »Dreierpack« präsentieren sich Neuhütten, Partenstein und Wiestahl im Fremdenverkehrsprospekt. Natur pur versprechen die staatlich anerkannten Erholungsorte. Die drei Dörfer zählen zusammen 5000 Einwohner.
Entstanden sind sie aus alten Glasmachersiedlungen. Erstmalig urkundlich erwähnt wurden sie zwischen dem 12. und 14. Jahrhundert.
Zwischen Aubach und Laubach können Ausflügler und Urlauber stundenlang über Wiesen und durch Wälder streifen. Sie kommen an Seen vorbei, die im Sommer zum Schwimmen und Bootfahren einladen. Oder sie kreuzen den Skihang auf dem Weg zu einer der Gaststätten, die den Wanderer mit einer kräftigen Mahlzeit wieder auf die Beine bringen. Unter der Woche ist der Wanderer oft stundenlang unterwegs, ohne einen Menschen zu treffen.
»Ahler Kram« Vkdl. Sammlung (Leben und Arbeiten in der Spessartgemeinde, Grubenwesen)
Öffnungszeiten:
15. März bis 15. Dezember, Sonntag 14-16 Uhr und nach Vereinbarung, (0 93 55) 20 21

Blick auf Partenstein, das viele Wanderer als Etappenziel wählen

Das Wappen spiegelt die Entwicklung wider

Rechtenbachs Ursprung ist das Glas

Auf dem Weg von Lohr zum Bischborner Hof berührt der Wanderer Rechtenbach

Wer von Lohr zum Bischborner Hof wandert, kommt, wenn er einen Abstecher einplant, nach Rechtenbach; eine Gemeinde, mitten im Spessart. Doch trotz seiner Lage stehen auf der 210 Hektar umfassenden Gemarkungsfläche gerademal zwei Hektar Wald. Aber auch die Landwirtschaft spielt heute keine große Rolle mehr. Die Rechtenbacher sind, nach Schließung der Glashütte im Jahr 1791, bis heute gezwungen, außerhalb ihr Einkommen zu verdienen.Das Gemeindewappen spiegelt nicht nur die historische,

sondern auch die wirtschaftliche Entwicklung wider: In Rot, schräg gekreuzt, ein silbernes Schwellenhauerbeil und ein silbernes Glasblasrohr mit silbernem Glas. Darüber steht eine goldene, unten gestümmelte heraldische Lilie, darunter ein senkrechtes goldenes Eichenblatt. Rechtenbach blühte als Siedlung besonders seit dem Ende des 17. Jahrhunderts auf – erste urkundliche Erwähnung 1522. In dieser Zeit übernahmen französische Glasmacher die Hütten, mit deren Gründung Johann Wenzel 1687 begonnen hatte. An das

Glas als Wirtschaftsgrundlage erinnert noch das 1722 gebaute Glaskirchlein, das 1806 erweitert und nach Einweihung eines Kirchenneubaus als Friedhofskapelle benutzt wurde. Heute steht das Gebäude unter Denkmalschutz. Das Eichenblatt im Wappen symbolisiert die Lage der Gemeinde mitten im Spessart. Dessen Holzreichtum war eine der Voraussetzungen für die Glasherstellung. Nach Schließung der Glashütten verdienten viele Rechtenbacher ihr Geld als Schwellenhauer im Eisenbahnbau oder als Holzarbeiter.

Wald-Reichtum und die Burg als Fremdenverkehrsgrundlage

Rienecks Geschichte rund um den »Dicken Turm«

2300 Einwohner zählt das Städtchen Rieneck, eine durchaus waldreiche Kommune: Von den 2600 Hektar Fläche sind rund 2000 bewaldet. Während nach dem Zweiten Weltkrieg noch alle landwirtschaftlichen Flächen bestellt wurden, sind heute – bis auf 10 Prozent – alle Felder mit Fichten bepflanzt.

Der Fremdenverkehr ist für Rieneck zu einem nicht unwichtigen wirtschaftlichen Faktor geworden. Mittelpunkt für Rienecker wie Gäste ist die Burg. Sie ist heute Eigentum des Verbandes Christlicher Pfadfinder und Pfadfinderinnen und dient Bildungs- und Erholungszwecken. Eine Sehenswürdigkeit befindet sich im Bergfried. Ins Mauerwerk eingebaut gibt es eine romanische Kapelle in Kleeblattform zu besichtigen. Eine Urkunde nennt die Burg erstmals im Jahr 1179. Im 19. Jahrhundert wurde sie neugotisch renoviert. Die Gründung der Siedlung am unteren Lauf der Sinn wird auf die Grafen von Rieneck zurückgeführt. 1280 wird sie erstmals als Stadt bezeichnet. Durch den Tod des Grafen Phillip am 3. September 1559 starb das Geschlecht derer von Rieneck aus. Mit dem Rad, zu Fuß oder auch zu Wasser (Wildwasser) läßt sich das Sinntal und seine Höhenzüge erkunden. Von den

Höhen bieten sich Ausblicke ins Fließenbach- und ins Trockenbachtal.

Zu einem Streichelzoo auf dem Fellenberg gelangt man von der Obertorstraße aus (300 Meter). Kurz nach dem letzten Anwesen linker Hand zweigt ein Weg rechts ab. Nach 100 Metern steht man vor dem Tiergehege des Hauses Sonnenblick, eine Behinderteneinrichtung der Arbeiterwohlfahrt. Wanderer, Spaziergänger und Schulklassen sind hier immer willkommen.

Anmeldung:
(09354) 1273 o. (09351) 3717
Burg Rieneck mit Dickem Turm
Öffnungszeiten: täglich um 14 Uhr oder nach Vereinbarung
Anmeldung bei Adam Wiesenfelder
(09354) 745 o. 233
Heimatmuseum
Öffnungszeiten: täglich von 14 bis 16 Uhr oder nach Vereinbarung
Anmeldung bei R. Maiberger
(09354) 455

Mittelpunkt für alle Besucher: die Burg Rieneck

Rothenfels ist die »kleinste Stadt Bayerns«

Im Schutz der Burg entstanden

Die Sanierung der Häuser aus dem 16. und 17. Jahrhundert macht Fortschritte

Als die »kleinste Stadt Bayerns« gilt Rothenfels, dessen Name sich vom roten Buntsandsteinfelsen ableitet, auf dem 1148 der fränkische Edelfreie Markward II. von Grumbach eine Burg errichten ließ. Von dieser Anlage sind noch Türme und Ringmauer der Innenburg erhalten geblieben. Im Schutz der Burg entstand Rothenfels sowie das Hofgut Bergrothenfels, das 1971 eingemeindet wurde. Als Stadt erstmalig erwähnt wurde die Gemeinde 1342. Zuvor bestand um 1050 eine Fischersiedlung, die zum Kloster Neustadt am Main gehörte. Nach dem Aussterben der Familie von Grumbach fällt die Burg an die Grafen von Rieneck. Als auch diese Familie 1333 keinen Erben mehr hatte, übernahm das Fürstbistum Würzburg Rothenfels. Die Burg wurde Residenz eines fürstbischöflichen Amtmanns sowie Verwaltungs- und Gerichtssitz für das umliegende Land. Zwischen 1466 und 1495 wird die Stadtmauer gebaut. Ab 1500 lassen die Fürstbischöfe die Burg ausbauen. Neue Wohnflügel und eine Vorburg aus befestigten Wirtschaftsgebäuden entstehen. Um 1770 wird die ehemalige Festung zum offenen Schloß umgestaltet. Neu genutzt wird die Burg ab 1919: Sie wird an den »Verein der Quickbornfreunde«, die spätere »Vereinigung der Freunde von Burg Rothenfels« verkauft. Die Vorburg wird Jugendherberge; ein Großteil der einstigen Kernburg beherbergt eine Heimvolkshochschule. Ab 1585 entstehen auch die schönen Fachwerkhäuser. Mit der Aufnahme ins Städtebauförderungsprogramm ist es möglich geworden, die historischen Gebäude vor dem Verfall zu retten. Wenn erst die Ortsdurchfahrt auf die 1993 aufgelassene Bahntrasse verlegt worden sein wird, bietet sich dem Liebhaber historischer Städte ein noch lohnenderes Ausflugsziel. Schon jetzt sehenswert sind neben einzelnen Wohnhäusern das alte Rathaus (1598-1599), das Spital (1597-1599) und die Kirche (1610-1612).

Erholsamer Aufenthalt für »Sommerfrischler«

Bemühungen um Urlauber seit 1938

Bis ins Jahr 1938 reichen die Bemühungen des Hösbacher Ortsteils Rottenberg zurück, es den »Sommerfrischlern«, wie die Urlauber von damals im Ortsprospekt liebevoll genannt werden, einen erholsamen Aufenthalt zu bieten. Auch nach dem Zweiten Weltkrieg – in den Fünfzigern – hielt das Interesse am damals noch selbständigen Spessartdorf an. »Das Dorf der Blumen und Blüten« entwickelte sich zum beliebten Ferienort.

Auch heute noch sind zahlreichen Fachwerkhäuser, blumengeschmückte Fenster und Balkone, kleine Grünanlagen, originelle Brunnen und holzgeschnitzte Hinweistafeln Zeichen für das große Interesse der Ortsbürger, ihr Dorf zu pflegen.

Umrahmt von Gräfenberg (363 m), Klosterberg (384 m) und Mühlrain (408 m), aber auch von Wald und Weinbergen besitzt Rottenberg mit dem Waldschwimmbad eine attraktive Freizeiteinrichtung. Interessant für Geologen und Mineraliensammler sind die Gesteinsvorkommen: Gneis, Dolomitkalk und Buntsandstein liegen hier übereinander. An Sehenswürdigkeiten nennt der Prospekt die um die Jahrhundertwende im Stil des Barock erbaute St.-Antonius-Kirche mit ihrem fünfstimmigen Geläute, die Marienkapelle

aus dem Jahr 1785 an der Straße nach Sailauf und den »Gänsliesl-Brunnen«. Zeugnisse früher Besiedlung befinden sich auf dem Gräfenberg. Ringwall und Burggraben sollen zur im 13. Jahrhundert zerstörten Burg »Landesehre« gehört haben. Auf dem Klosterberg gibt es ebenfalls einen Ringwall mit Schutzgraben sowie Reste von Fundamenten des ehemaligen Templerklosters. Zwei

Kilometer westlich von Rottenberg, in den Feldkahler Waldungen, wurden acht Hügelgräber aus der Hallstattzeit (ca. 1000 bis 500 v. Chr.) entdeckt. »Aussichtsreich« sind die fünf Rundwanderwege auf unterschiedlichen Höhen und ein historischer Rundweg. Je nach Wetter reicht die Fernsicht bis ins Maintal, den Odenwald, aber auch ins Aschafftal und in den Hochspessart.

Rottenberg: »Das Dorf der Blumen und Blüten«

Mit dem Triebwagen bis zur Endstation

Das Ziel fast am Ende des Kahlgrunds

Von Wald und Streuobstwiesen umgeben ist Schöllkrippen

Wer mit der Kahlgrundbahn von Kahl aus entlang des gleichnamigen Flüßchens das Tal »hinaufgezuckelt« ist, hat in Schöllkrippen die Endstation erreicht. Von Montag bis Freitag verkehren die Triebwagen der Kahlgrundverkehrsgesellschaft ab und bis Kahl am Main. Wer mit Kindern durch den Kahlgrund radeln oder sich lieber etwas Zeit für die Strecke lassen möchte, dem sei die Fahrt mit dem Dieseltriebwagen empfohlen. In gemütlichem Tempo schaukeln die Fahrgäste dem Ziel entgegen. Aus dem Zug fällt der Blick in manchen Hinterhof. Die Reise gewährt Einblicke, die Autofahrern wie Fußgängern verborgen bleiben. Kleine Haltepunkte, schmale Bergeinschnitte und ungewohnte Ausblicke versetzen den Fahrgast in die Welt der Modelleisenbahn.

Nach diesem ganz besonderen Erlebnis geht es, je nach Geschmack, noch ein Stückchen flußaufwärts bis zur Bamberger Mühle und zur Kahlquelle. Die Bamberger Mühle ist einer der zahlreichen Weiler, die sich in der Vergangenheit mit der nächstgrößeren Gemeinde zusammengeschlossen haben. Hier ist es Kleinkahl, zu dem die fünf Orte Edelbach, Klein- und Großkahl, Klein- und Großlaudenbach gehören. Kleinkahl ist wiederum Mitglied der Verwaltungsgemeinschaft (VG) mit Sitz in Schöllkrippen. Neben Kleinkahl zählen auch Blankenbach, Krombach, Sommerkahl, Westerngrund und Wiesen zur VG.

Die gut erhaltenen Reste eines keltischen Ringwalls (Alte Burg) zeugen von einer Besiedlung der Region um Schöllkrippen schon in der Jungsteinzeit. Schöllkrippens Keimzelle ist eine Hofsiedlung mit Mühle, die unterhalb der Stelle lag, an der die beiden Quellbäche der Kahl zusammenfließen. Zu Schöllkrippen gehören auch Schneppenbach, Hofstädten und Ernstkirchen, in dem die Pfarrkirche um 1300 gebaut wurde. Die Pfarrei wurde 1184 beurkundet. Ein germanisch-christlicher Bildstein aus der Übergangsperiode zum Christentum wurde bei der Tieferlegung des Chores gefunden und gilt als Beweis für die frühe Besiedlung. Später übernahm Mainz den Forst und errichtete 1450 einen Amtssitz, in dem heute die Verwaltungsgemeinschaft untergebracht ist. Aus dieser Zeit stammt auch die Kapelle St. Lukas. Von Schöllkrippen aus kahlabwärts auf dem »Kahltal-Spessart-Radwanderweg« kommt man an Pferdekoppeln und Schafweiden vorbei und erreicht schon bald Blankenbach. Nach 1900 entstand hier eine Kalkbrennerei. Der Kalk wurde mit einer Drahtseilbahn aus den Kalksteingruben von Sommerkahl und Eichenberg transportiert. Davon ist jedoch heute nichts mehr zu sehen. Die Anlagen wurden 1934 abgebaut. Bei Eichenberg besteht noch eine aufgelassene Kalksteingrube. Dagegen wurden die 13 Eisenerzgruben und die Schwerspatstollen alle zugemauert. Ihre Lage ist nur noch ortskundigen bekannt. Bis zu 1000 Meter hatte man die Stollen in die Berge hineingetrieben. Eine Besonderheit bietet Sommerkahl. Bis nach dem ersten Weltkrieg wurde

in der Grube »Wilhelmine« Kupfer abgebaut. 1940 schlossen sie die Betreiber. Doch sind die Halden aus der Vergangenheit noch heute ein interessantes Ziel für Steinsammler. Gefunden werden können Kupfersulfat und Kobald. Eine Tradition, die sich in Blankenbach erhalten hat, ist das Keltern von Apfelwein. Seinen Ursprung hat er in den im Kahlgrund verbreiteten Streuobstwiesen, deren Blütenmeer im Frühjahr zahlreiche Wandergruppen anlockt.

Manch Frankfurter »Stöffche« stammt von Kahlgründer Wiesen. Ein Wirtschaftsbetrieb, der bereits 1832 verschwand, war die Glashütte bei Großkahl. Wie soviele andere Glasschmelzen des Spessarts war sie unrentabel geworden. Lohnender ist dagegen der Fremdenverkehr. Der obere Kahlgrund und die an der Deutschen Ferienstraße Alpen-Ostsee gelegene Gemeinde Wiesen sind seit den fünfziger Jahren Urlaubsgebiet und ein beliebtes Naherholungsgebiet.

Die Ursprünge der Pfarrkirche von Ernstkirchen gehen auf die Zeit um 1300 zurück

Hier ist man stolz auf die Spezialitäten vom »Weißen«

Hier wird auf mehr als 300 Hektar Wein angebaut

Am rechten Mainufer, zwischen Karlstadt und Würzburg, liegt die Weinbaugemeinde Thüngersheim. Der Wein ist hier ein »absolut dominierendes Gewerbe«, so der Bürgermeister. Mehr als 300 Hektar, zu 90 Prozent flurbereinigt, sind mit Müller-Thurgau, Silvaner, Bachus, Kerner, Riesling und Scheurebe bepflanzt. Stolz ist man nicht nur auf die Spezialitäten beim »Weißen«, sondern auch auf Spätburgunder, Domina und Dornfelder aus der Mitgliedsgemeinde Elsenfeld-Rück. Zwischen 530 und 700 n. Chr. soll das

Gebiet bereits besiedelt gewesen sein. Aus dem Jahr 1098 stammt die früheste urkundliche Erwähnung. Daß der Wein in Thüngersheim schon im 12. Jahrhundert eine Heimat hatte, belegen Weinbergschenkungen im Jahr 1154. Begüterte Thüngersheimer übertrugen damals Weinberge an den Würzburger Klerus und Klöster. 1353 entstand die Pfarrei; im Ort stand bereits die St. Michaelskapelle. 1580 wurde das erste Rathaus mit fränkischem Treppengiebel errichtet. Auf der nahen Ravensburg, so wird vermutet, hausten früher Raubritter. Das Raubritternest sei zerstört worden, weil die Ritter den Würzburger Bischof im Streit erschlagen haben sollen. Die Steine der Burg nutzten die Thüngersheimer für den Bau von Weinbergsmauern. Historische Bauten gibt's im Ort selbst zu sehen. Aus der Silhouette ragt der Julius-Echter-

Turm der katholischen Pfarrkirche St. Michael. Der Würzburger Fürstbischof Julius Echter führte 1585 die inzwischen protestantisch gewordenen Bewohner zum katholischen Glauben zurück und erneuerte die Kirche mit barockem Aufwand. Beherrschende Kunstelemente dieses Bauwerks sind eine prächtige Steinkanzel, drei Altäre mit von Traubenblättern umwundenen Säulen sowie Bilder des Tiepolo-Schülers Urlaub. Das Geburtshaus des fränkischen Malers Georg A. Urlaub gehört ebenfalls zu den Sehenswürdigkeiten des Weinortes. Von der früheren Ortsbefestigung sind Reste als Bestandteil der Häuser und drei der ehemals vier Tore erhalten geblieben. Beim Spaziergang durch die Straßen und Gassen gibt es zahlreiche sehenswerte Fassaden zu entdecken. Manches Hoftor öffnet sich und gibt den Blick in typisch fränkische Winzerhöfe frei. Einige Häuser überstanden sogar den 30jährigen Krieg. Jahreszahlen in den Schlußsteinen über den Eingängen nennen das 16. Jahrhundert als Entstehungszeit. Mit großem Aufwand wurde das alte Schulhaus von 1609 zu einem modernen Rathaus umgestaltet. Ein beliebtes Motiv für Fotografen ist das Fachwerkhaus in der Dürren-Gasse mit einer Riemenschneider-Madonna im ersten Stock.

Auf mehr als 300 Hektar wachsen in Thüngersheim Müller-Thurgau, Silvaner, Bachus, Kerner, Riesling und Scheurebe. Aus der Winzergenossenschafts-Mitgliedsgemeinde Elsenfeld-Rück kommen Spätburgunder, Domina und Dornfelder

Vereinigung von Steifheit und Gelöstheit

»Der schönste Rokokogarten von Deutschland - ja von Europa«

In Veitshöchheim befindet sich – so der Prospekt der Gemeinde – der »schönste Rokokogarten von Deutschland - ja von Europa«. Anlegen ließen ihn drei Würzburger Fürstbischöfe, vor allem Adam Friedrich von Seinsheim (1755–1779). Hier wurde der steife Stil französischer Barockgärten mit dem »gemütlichen Schwung und der heiteren Gelöstheit deutscher Rokoko-Gartenkunst« vereint. In zahlreichen Nischen der Heckenmauern begegnen dem Besucher Plastiken von Ferdinand Tietz, Peter Wagner und van der Auvera. Durch Laubengänge führt der Weg an mythischen Figurengruppen, Göttern, Faunen, Musikanten und Tänzerinnen vorbei. Staunend steht der Spaziergänger vor dem Muschelhaus des Stukkateurs Materno Bossi. Höhepunkt ist der See mit dem Musenberg und dem geflügelten Roß Pegasus auf der Spitze.

Das Lust- und Jagdschlößchen ist von Balthasar Neumann 1752 als Barockschloß neu gestaltet worden und kann besichtigt werden.

Ein besonderes kulturelles Erbe trat Veitshöchheim mit der Wiederentdekkung der alten Synagoge an. 1937 an die Gemeinde verkauft, war das Gebäude als Feuerwehrhaus genutzt worden. Erst im Laufe der Sanierung

Lustwandeln im Hofgarten und ein Besuch der Stilräume aus dem Rokoko und Empire im ehemaligen Lust- und Jagdschlößchen von Veitshöchheim

des Ortskerns in den achtziger Jahren – das Gebäude sollte zu einer Galerie umgebaut werden – entdeckte man Bruchstücke der einstigen Einrichtung. Auf dem Dachboden fand man die »Genisa«, kulturhistorisch bedeutende Schriften und Bücher. Nach Ansicht der Archäologin Martina Edelmann sind diese Dokumente in Deutschland, vielleicht sogar in Europa, einzigartig. Die Texte geben einen Einblick in das Leben der Landjuden des 17. und 18. Jahrhunderts und sind im benachbarten jüdischen Kulturmuseum ausgestellt. Nach achtjähriger Renovierung

wurde die Synagoge im März 1994 wiedereröffnet. An Hand von Fotografien wurde das Innere nach dem Zustand von 1926 gestaltet.
Schloß-Museum im Hofgarten (Stilräume aus dem Rokoko und Empire)
Öffnungszeiten: 1. April bis 30. September, Dienstag bis Sonntag von 9 bis 12 Uhr und 13 bis 17 Uhr
Synagoge und Jüdisches Museum
Öffnungszeiten: Donnerstag 15–18 Uhr, Sonntag 14–17 Uhr. Reservierungen für Gruppen: Martina Edelmann (09 31) 9 00 96 21

Doppelte Wendeltreppe und andere Kuriositäten

Burg und Altstadt locken an die Taubermündung

Eine Stadt, in der es allerhand Kurioses zu entdecken gibt, ist Wertheim. Da ist zum Beispiel der Treppenturm des gotischen »Klinkhartshofs« der heute zum Gebäudekomplex des Historischen

Die Burgruine der Stadt Wertheim ist nur eine der zahlreichen Sehenswürdigkeiten an der Taubermündung

Museums gehört (bis 1988 Sitz der Stadtverwaltung). In diesem Turm befindet sich eine doppelte Wendeltreppe mit getrennten, gegenüberliegenden Ein- bzw. Ausgängen.

Auch der Glockenturm der Stiftskirche bietet eine Besonderheit: Die Turmuhr hat ein doppeltes Zifferblatt. Die eine Seite diente den Burgbewohnern als Uhr, auf der anderen wurde den Bürgern die Zeit angezeigt.

Auf dem Weg von der Marienkapelle zum Marktplatz kommt der Wertheim-Besucher am 1520 von den Rittern von Zobel erbauten »Zobelhaus« vorbei, dessen Fassade nur drei Meter breit ist. Zwei Meter dick sind die unteren Mauern vom »Spitzen Turm«, der um 1200 als Wach- und Aussichtsturm ein Eckpunkt der Stadtbefestigung war. Den Turm kann man auch heute noch besteigen. Den Schlüssel gibt's im Fremdenverkehrsamt, das gleich neben dem Turm zu finden ist.

Wer im Hof der Löwenstein-Wertheim-Rosenberg'schen Hofhaltung (heute ist hier die Stadtverwaltung untergebracht) den Durchgang zum Rosengarten und weiter zum Ufer der Tauber nimmt, kommt an einer weiteren Kuriosität vorbei: einer Eiche, die in Form einer Zypresse gezogen wurde.

Neben den zahlreichen historischen Bürgerhäusern bestimmt die Burg auf halber Höhe des 142 Meter hohen Schloßberges das Bild Wertheims. Sie wird 1192 erstmals urkundlich erwähnt. Zerstört wurde sie im Dreißigjährigen Krieg (1634) und war, bis auf den Wächter im Weißen Turm, ab dieser Zeit unbewohnt. Zwischen 1742 und 1745 wurde das äußere Burgtor zum Archivbau erweitert und im Innern mit einer Stuckdecke ausgestattet. Die Burganlage wurde 1982 umfassend saniert. Vom Burgturm hat man einen aussichtsreichen Blick auf die Stadt.

Glasmuseum
(historisches und modernes Glas)
Öffnungszeiten: 1. April bis 31. Oktober, Dienstag bis Sonntag von 10 bis 12 Uhr und von 14 bis 16 Uhr, Montag geschlossen. Weihnachtsausstellung vom 1. Advent bis 6.Januar , (09342) 6866

Grafschaftsmuseum
(historische Räume, Leben und Schaffen von Einzelpersönlichkeiten - bspw. größte Slg. von Werken von Otto Modersohn außerhalb von Fischerhude - Herstellung von Textilien, Blaudruckwerkstatt u.a.m.)
Öffnungszeiten: Dienstag bis Freitag von 9.30-12 Uhr und 14-16 Uhr, Sa., So. u. Feiertag von 14.30-17 Uhr (09342) 301411

Am Rand der »Siedlung« steht noch der Galgen

Eine nicht nur entwicklungsgeschichtlich interessante Stadt

Wie kamen die Wörther zu ihrem Spitznamen »Schlackschisser«? Constanze Hörnig und Susanne Wierich haben die Anekdote in der Informationsbroschüre der Stadt aufgeschrieben: Am 29. Februar 1784 überschwemmte eines der höchsten Hochwasser die Straßen. Bis in die Dachgeschosse mußten die Bewohner ziehen. So auch die Familie Klein. Klein Theo fing nach einiger Zeit zu quängeln an: Er müsse aufs Klo. Was tun? Mit dem Nachttopf konnte dem Kleinen geholfen werden. Doch auch die Erwachsenen wollten sich alsbald Erleichterung verschaffen. Auf die rettende Idee kam der älteste Sohn Ditmar: »Es gibt ja noch den Schlack!« (Dies ist die Dachöffnung, die mit einer Schiebetür verschlossen wird.) Über eine Leiter erreichte nach und nach jedes Mitglied der Familie den Schlack.

Doch erledigten die Kleins ihr Geschäft nicht unbeobachtet. Auf der anderen Mainseite beobachtete ein Elsenfelder das Treiben durch ein Fernglas. Über die Nachricht von den »Schlackschissern« hatten die Erlenbacher fortan noch viel zu lachen.

Neben den Geschichtchen hat Wörth auch eine bewegte Geschichte. Ein römisches Lager entstand zwischen 85 und 150 n.Chr. Es bestand aus einem

Direkt am Mainufer liegt Wörths Altstadt

Bad, einer bürgerlichen Siedlung und einem Friedhof. Um 250 n. Chr. überrannten die Germanen die Siedlung. Auf dem gegenwärtigen Friedhofsareal wurde frühestens im 6., jedoch spätestens zu Beginn des 8. Jahrhunderts die Urpfarrkirche St. Martin errichtet, deren ehemaliger Chorraum heute als Kapelle genutzt wird. Um sie herum entwickelte sich eine fränkische Siedlung.

Das heutige »Alt-Wörth« wurde als Inselstadt »Werde« im späten Mittelalter gegründet. Unter der Herrschaft des Erzbischofs von Mainz errichteten die adeligen Herren von Breuberg einen Marktort, Schiffsanlegeplatz und Mainstützpunkt für das Odenwälder Hinterland. Der Name deutet auf die Lage am Fluß hin. »Werde« bedeutet »Insel, Ufer, erhöhtes, wasserfreies Land zwischen Sümpfen«. Erstmals urkundlich erwähnt wird Wörth 1291. In der Stadt verdienten Schiffer, Schiffbauer und Holzhändler ihr Geld. Das Schiff-

fahrts- und Schiffbaumuseum, untergebracht in der ehemaligen Kirche St.
Wolfgang, hat diesen Teil der Stadtgeschichte bewahrt. Im 19. Jahrhundert
platzte die Altstadt aus allen Nähten.
1883 begann der Bau von »Neu-
Wörth«. Eine städtebauliche Besonderheit ist der neue Teil der Stadt auf
Grund seiner rasterartigen Gliederung
und durch die einheitliche Verwendung
des Baustoffs Buntsandstein sowie
einen weitgehend gleichförmigen
Baustil. Ein dritter Stadtteil entstand ab
1930: die »Siedlung«.Eine Besonderheit am Rande der neuesten Siedlung
sei abschließend noch erwähnt. Aus
dem Jahr 1754 blieben zwei Sandstein-
säulen erhalten, deren Sinn auf den
ersten Blick nicht zu erkennen ist. Hier
blieb der Galgen erhalten, der die
ehemalige Gerichtsbarkeit und damit
die Bedeutung von Wörth symbolisiert.
Neben der historischen Altstadt
empfiehlt sich das Museum für einen
Besuch. *Schiffahrts- u. Schiffbaumuseum* (Entwicklung der Mainschiffahrt
und Schiffbau)
Öffnungszeiten: Samstag u. Sonntag
14-17 Uhr und nach Vereinbarung
(0 93 72) 54 57

*Die Besonderheit
von Neu-Wörth:
Die Straßen und
Gebäude sind
rasterartig geglie-
dert. Die Häuser
wurden einheit-
lich mit Buntsand-
stein gebaut*

Würzburg ist mehr als einen Tagesausflug wert

Historische Gebäude und große Namen

Trotz der fast vollständigen Zerstörung Würzburgs im März 1945 besitzt die Stadt heute noch eine Vielzahl von Kulturgütern und Sehenswürdigkeiten. Da gibt es allerhand zu besichtigen: Festung Marienberg, Dom und Neumünster mit dem »Lusamgärtlein«, in dem das Grabdenkmal Walthers von der Vogelweide steht, die Marienkapelle am Markt, St. Burkard zu Füßen der Festung, Balthasar Neumanns Wallfahrtskirche »Käppele«, die Deutschhauskirche, die Universitäts- oder Neubaukirche, Stift Haug, St. Johannis, der Rathausturm an der Ostseite der Alten Mainbrücke oder die Residenz mit Park.

Einige Anregungen, einen Bummel durch Würzburg mit einer Besichtigung zu verbinden, geben die folgenden Museumshinweise:

Festung Marienberg, Fürstenbaumuseum, Maschikuliturm
(fürstbischöfl. Wohnräume, Schatz- und Paramentenkammer, stadt- u. festungsgeschichtliche Sammlung)
Öffnungszeiten: täglich außer Montag von 9 bis 12.30 Uhr und 13 bis 17 Uhr; Oktober bis März 10–12.30 Uhr und 13–16 Uhr
Maschikuliturm: April bis September Sa., So. und Feiertags von 10 bis 12.30 Uhr und 13 bis 17 Uhr, (09 31) 5 27 43

Blick auf die Festung Marienberg hoch über Würzburg. In der Festung befindet sich das Mainfränkische Museum, in dem die kunst- und kulturgeschichtliche Sammlung für das mittlere Maingebiet untergebracht ist

Mainfränkisches Museum auf der Festung Marienberg
(kunst- und kulturgeschichtliche Slg. für das mittlere Maingebiet, das ehem. Fürstbistum Würzburg und das Herzogtum Franken; Werke von Riemenschneider, Plastiken der Gotik, Renaissance und des Barock, Kunstgewerbe, Volkskunde, fränkische Weinkultur)
Öffnungszeiten: April bis Oktober täglich außer Montag von 10 bis

17 Uhr, vom November bis März von 10 bis 16 Uhr, (09 31) 4 30 16
Mineralogisches Museum der Universität (Mineralien, angewandte Mineralogie, Bau der Erde, Meteoriten)
Öffnungszeiten: Sonntag 14–17 Uhr, Führungen für Gruppen nach Vereinbarung, (09 31) 88 84 07 oder 88 84 21
Missionsmuseum
Öffnungszeiten: Sonn- und Feiertage 14.30–17 Uhr,
(09 31) 79 69 90

Zwischen 1719 und 1744 erbaute Balthasar Neumann die Residenz. Der Venezianer Giovanni Battista Tiepolo schuf mit dem gewaltigen Deckenfresko im Treppenhaus das größte Gemälde der Welt

Orthopädisches Geschichts- u. Forschungsmuseum
Öffnungszeiten: nach Vereinbarung
(09 31) 803-1
Residenz
(Räume in der Ausstattung des
18. Jahrhunderts, Spiegelkabinett)
Öffnungszeiten: April bis September
täglich außer Montag 9–17 Uhr,
Oktober bis März 10–16 Uhr,
(09 31) 3 55 17 12
Martin-von-Wagner-Museum Residenz
Tor A Antikensammlung
(griech. Keramik, griech. u. röm. Kleinkunst, ägypt. Slg., etruskische Slg.)
Öffnungszeiten: Dienstag bis Samstag
14–17.30 Uhr, Sonntag von
9.30–12.30 Uhr, (09 31) 3 12 88
Gemäldegalerie
(300 Gemälde des 14.–19. Jahrhunderts
aus europ. Malerschulen, deutsche
Skulptur)
Öffnungszeiten: Dienstag bis Samstag
von 9.30 bis 12.30 Uhr, Sonntag von
9.30 bis 12.30 Uhr. Graphische Sammlung (22 800 Blätter: deutsche,
italienische, französische und
niederländische Zeichnungen und
Druckgrafik 15.–19.Jhd.)
Öffnungszeiten: Dienstag und
Donnerstag 16–18 Uhr
Historischer Saal der Fischerzunft
(Zunft-, Fischerei- und Stadtgeschichte)

Öffnungszeiten: Mai bis Oktober 1. und
3. Sonntag 10–12 Uhr und nach Verein-
barung (09 31) 4 23 38 (Georg Göß)
Ikonenmuseum
(Ikonen vom 16. Jahrhundert bis heute)
Öffnungszeiten: Mo., Do. und Sa. von
15 bis 18 Uhr, Führungen nach Verein-
barung.
Physikalisches Institiut
Öffnungszeiten: Montag bis Freitag von
8 bis 18 Uhr, (09 31) 8 88 57 19
Riesengebirgler-Heimatstube
(heimatgeschichtl. Literatur, Trachten,
Stiche, Karten u.a.m., Arbeiten des
Bildhauers Schwantner, Archiv des
Turngaus Trautenau)
Öffnungszeiten: Di. und Do. von 9 bis
11 Uhr und nach Vereinbarung
(09 31) 6 92 90
Röntgen-Gedächtnisstätte
(Laborraum, in dem W.C. Röntgen die

nach ihm benannten Strahlen entdeckte;
originale physikalische Geräte, Rekon-
struktion des Entdeckerversuchs,
persönliche Dokumente)
Öffnungszeiten: Montag bis Donnerstag
von 9 bis 16 Uhr, Freitag von 9 bis
15 Uhr, (09 31) 30 41 03
*Sammlungen des Inst. f. Hochschul-
kunde* an der Universität
(Sammlung und Bibliothek zur Univer-
sitäts- und Studentengeschichte, Akade-
memesken)
Öffnungszeiten: Montag bis Freitag von
9 bis 12.30 Uhr und nach Vereinbarung
(09 31) 8 88 59 66
Städtische Galerie Würzburg
(Malerei, Plastik und Grafik
des 19. und 20. Jahrhunderts)
Öffnungszeiten: Dienstag bis Freitag
von 10 bis 17 Uhr, Sa., So. und
Feiertag 10 bis 13 Uhr, (09 31) 5 45 34

Auf der Suche nach Mühlen im Spessart

Eine Montagsreise in die Vergangenheit

Im Spessart drehen sich immer noch Mühlräder

Überdurchschnittlich viele Mühlen blieben im Kahlgrund erhalten. In Kaltenberg bei Schimborn stehen diese zwei Räder. Das linke treibt die Gattersäge eines Säge-werks an, das rechte eine Kornmühle

Montagmorgen; der Ausflugsverkehr des Wochenendes ist verhallt. Von Ruhe kann man aber auch jetzt nicht sprechen. Die Streumühle im Alzenauer Ortsteil Michelbach soll das erste Ziel sein auf der Suche nach Mühlen im Spessart. Über die Ortsumgehungs-straße rauschen Personen- und Last-kraftwagen. Ein Hubschrauber lärmt dicht über dem Talboden. Auf der Terrasse der Streumühle sitzen Menschen im Bademantel. Fehlanzeige: Von Mühle keine Spur. Noch ein Blick in die Wanderkarte des Spessartbundes: Ein Glas symbolisiert ein Gasthaus. Doch wir stehen vor einer Privatklinik. Ist das alles, was der Spessart noch an Mühlen zu bieten hat? Wer mit dem Finger auf der Wanderkarte die Bäche entlangfährt, ist überrascht von der großen Zahl. Wenn es jedoch all diese Bauwerke nur noch auf dem Papier gibt, bleibt allein der historische Wert der Karte.

Auf dem Weg aus dem Ort läßt uns ein Wegweiser stoppen. Die Ödermühle verheißt Gastlichkeit. Im Innenhof erfahren wir von der Eigentümerin, daß Mühlentechnisches schon lange nicht mehr existiert. Und seit die Kahl umge-leitet wurde und an die Stelle des Fluß-betts eine Straße trat, habe man die Idylle gegen Straßenlärm eingetauscht. Wanderer stehen fassungslos vor dem Straßendamm, der den traditionellen Weg zum Hahnenkamm verwehrt.

Nur wenige hundert Meter weiter begrüßt uns der Besitzer der Herrn-mühle auf den Eingangsstufen. Restau-rant, Hotel, Parkplatz…, alles da, nur keine Mühle. Ein Mühlrad habe er nicht mehr genehmigt bekommen; vielleicht hatte er, wie manche andere auch, versäumt, die Wasserrechte zu erneuern.

Ein Feuersalamander windet sich durch das Wasser des Baches. Schon lange steht keine Mühle mehr im Teufels-grund, der jedoch eine Wanderung wert ist. »Teufelsmühle – Kein Gasthaus« verkündet eine Tafel. Davor weht eine weiß-blaue Fahne. Wimpel in den gleichen Farben »zieren« das Blockhaus, zwei große Sonnenschirme spenden jetzt niemandem Schatten. Am Bach weisen Reste eines kleinen Rades, Betonrinnen und ein Ständer auf einem löchrigen Dach auf eine Zeit hin, in der man hier wohl seinen eigenen Strom erzeugt hat. Hoffentlich wird nie der Strom von Wanderern diese Idylle überfluten. Der Mangel an Einkehrmöglichkeiten kommt diesem Wunsch entgegen.

Ja, und dann finden wir sie doch noch. Eine Mühle, die diese Bezeichnung wirklich verdient.

Wir sind nicht angemeldet. Dennoch: Gerne öffnet Otto Brückner einen Schieber, und eines der Mühlräder der Doppel-Mühle in Strötzbach beginnt sich zu drehen. Im Innern des Gebäudes setzt sich mit Rumpeln die Mechanik in Bewegung. Freundlich führt Brückner uns vom Erdgeschoß bis unters Dach, erklärt bereitwillig den Weg, den das Korn nimmt. Morgen wird eine Schulklasse staunend durch die Stockwerke laufen, wird der Müller mit Stolz von der Arbeit und früheren Zeiten erzählen oder von den Holzzahnrädern, die er noch selbst anfertigt.

Ein Abstecher vom Kahlgrund zur Heimbacher Mühle holt uns wieder auf den Boden der Realität zurück. Das Mühlrad hinter dem Haus dient hier allein der Erinnerung an vergangene Zeiten.

Ganz anders in der Kaltenberger Mühle, wo zwei Räder im Mühlbach stehen. Das rechte treibt das Mahlwerk einer Kornmühle an, das linke die

Gattersäge eines Sägewerks.

Weiter führt uns der Weg kahlaufwärts. Stunden würde es kosten, alle auf der Karte eingetragenen Mühlen zu besuchen. Bevor wir das Tal endgültig verlassen, schauen wir noch bei der Bamberger Mühle vorbei. Karlheinz Markert, der Ururenkel des Bamberger

Die Doppelmühle in Strötzbach im Mühlweg 23 ist immer einen Besuch wert. Wenn man Glück hat, darf man auch einmal hinter die Kulissen blicken und die Arbeit der Zahnräder und Mahlstühle beobachten

Franz, um den sich so manche Legende rankt, pflegt das Andenken an seine Ahnen. Doch hat auch hier das Mühlrad schon lange seine Funktion verloren, dient ausschließlich einer Wasseramsel als Heimat.

Nichts mehr erinnert im Wachenbachtal, am Rande des Löwensteinschen Parks, an die Zeit, in der man sein Mehl noch nicht im Laden um die Ecke kaufen konnte. Gleich, ob Alte oder Neue Wachenmühle (in der topographischen Karte Blatt Süd fälschlicherweise als Wagenmühle geführt) oder Heinrichsmühle am oberen Talausgang; kein Rad, keine Welle läßt die frühere Arbeit erahnen.

Nur wenige Kilometer weiter dagegen zu unserer Überraschung ein ganz anderes Bild. Busweise werden die Ausflügler an Feiertagen und Wochenenden in den Haslochgrund gekarrt, suchen Autofahrer entnervt nach einem Abstellplatz. Vom nüchternen Zweckbau bis zum spessarttypischen Ausflugslokal reicht die Palette der Architektur. Wer vermutet hier noch zwei arbeitende Mühlenbetriebe? Im Hof der Schreckemühle (nicht Schrekkenmühle) begrüßt mich Gerhard Wiesmann, bejaht die an diesem Tag so oft gestellte Frage, ob es denn noch etwas Mühlentypisches wie Mühlrad, Mahlwerk oder Mühlsteine gebe. Wir gehen ins Haus, steigen über eine Lagerwelle hinweg und eine Treppe hinunter. Das hatte ich nun wirklich nicht erwartet. Anstatt auf ein Mühlrad zu treffen, bleiben wir vor einem Kasten stehen, in den aus der Wand kommend ein trichterförmig erweitertes Rohr hineinführt. Dicht daneben dreht sich ein Rad, das über einen Riemen mit einem Generator verbunden ist. Stockwerk für Stockwerk entfernen wir uns von dem ohrenbetäubenden Lärm, und ich erfahre, daß Gerhard Wiesmann ausgebildeter Müller ist. Die Turbine im Keller hat er vor zehn Jahren einbauen lassen. Sie ersetzte eine alte. Sie liefert den Strom fürs Haus, den Gastbetrieb und die sechs Walzenstühle. Für die Bäcker im Umkreis mahlt er noch das Korn. Als Müller weiß er viel über die Technik zu erzählen, führt auch ab und zu Gruppen

In der Schreckemühle hat der Mühlstein ausgedient. An seine Stelle traten Mahlstühle, metallene Walzen, mit denen das Korn gemahlen wird

durch seinen Betrieb, obwohl ihm dafür eigentlich die Zeit fehlt. Schließlich muß er so manche Stunde für das Ausfahren des Mehls aufwenden.

Auch sein Nachbar in der Nickelsmühle ist noch als Müller tätig. Er schrotet für die Bauern der Umgebung das Korn. Der Mühlstein im Vorgarten ist alles, was in der Zwieselsmühle als Erinnerung geblieben ist.

Ähnlich sieht es in der Schleifmühle aus. Zwei Walzenstühle blieben bislang erhalten. Den jüngeren wird demnächst der Schrotthändler holen, der alte wird als Erinnerungsstück bleiben.

Den Abschluß der kleinen Reise zu einem Teil der Mühlenstandorte im Spessart beenden wir in der Paradeismühle. Die Kinder der Nachkriegsgeneration erinnern sich heute noch an das Mühlrad hinterm Haus und den Mühlbach, der durchs Haus floß: Ein beliebter Spielplatz, den es nun nicht mehr gibt. Die Erweiterungspläne der letzten Jahre ließen keinen Platz mehr für das Rad. Nur der Mühlbach blieb als Relikt einer vergangenen Zeit.

Man sieht: Es gibt im Spessart noch vieles zu entdecken. Mit der Karte in der Hand kann sich jeder auf dem Fahrrad oder zu Fuß auf die Suche nach Mühlen begeben. Und wenn auch nur noch dekorativ aufgebahrte Reliquien in Form von Mühlsteinen zu finden sein sollten: Manchmal wohnen hier Menschen, die etwas zu erzählen haben.

Wasser sorgt indirekt für »Bewegung« in der Schreckemühle. Eine Turbine erzeugt Strom für den Antrieb

Vorbei ist die Zeit des Kornmahlens in der Schleifmühle im Haslochgrund

Von Mord, Raub und dem Bamberger Franz

Erinnerungen und Sagen rund um die Mühlen

Ein Bär von einem Kerl soll er gewesen sein, der Bamberger Franz. Festgefahrene Fuhrwerke, schlaffe Esel: Allen hat er auf die Sprünge geholfen. Und wenn's bei Veranstaltungen zu Streitigkeiten kam: Er war dabei. Seine Heimat war die Bamberger Mühle. Eigentlich hieß er Franz Elsesser (1815–1887), hatte in die Bamberger Mühle eingeheiratet. Zwei Zentner Mehl habe er von Schöllkrippen oder Gelnhausen bis nach Hause getragen. Und ein Kind, dem er auf den Kopf getippt hat, soll ohnmächtig umgefallen sein.

Was ist geblieben von der Vielzahl der Mühlen im Spessart? Zahlreiche Mühlräder verzeichnet die Wanderkarte des Spessartbundes, und Mahlsteine »zieren« die mit Verbundpflaster befestigten Zufahrten mancher Anwesen. Und die »Forelle Müllerin« auf den Speisekarten der Lokalitäten weckt heute ebenfalls keine Erinnerung mehr an damals. Auch wenn noch Gebäude erhalten blieben, sich einige Privatleute um neue Mühlräder bemüht haben: Gemahlen wird nicht mehr.

Geblieben sind Geschichten wie die über den Bamberger Franz oder die obere Teufelsmühle. Dort, im Teufelsgrund zwischen Omersbach und Niedersteinbach, war der Müller 1828 von einem Räuber überfallen und angeschossen worden. Er erlag seinen Verletzungen. Beim Abriß der Mühle, zwei Jahre später, fand man einen Schatz. Im Kamin lag ein Hut mit Goldstücken.

Viele Jahre später war der Teufelsgrund erneut Schauplatz eines Verbrechens. Eine Pfingstnacht in den 60er Jahren unseres Jahrhunderts: Ein Unwetter wütete im Kahlgrund. Bäume wurden vom Wind geworfen, Bäche traten über die Ufer. Der Gastwirt Karl F. blieb, nachdem er seine Frau nach Hause geschickt hatte, als Wache in der Hütte. Dann, gegen Mitternacht, wurde plötzlich die Tür aufgerissen, ein Mann stürzte herein und erstach den Wirt. Anfangs tappten die ermittelnden Poli-

Das Mühlrad in der Bamberger Mühle steht still, dient nur noch einer Wasseramsel als Nistplatz

zeibeamten im dunkeln. Beim Durchsuchen des Gebäudes entdeckte man jedoch ein Tonbandgerät. Die Polizisten spulten das Band zurück und wurden Ohrenzeugen des Mordes. Die Aufzeichnungen führten schließlich zur Ergreifung des Täters, einem entlaufenen Geisteskranken.

An die Obere und die Untere Mühle erinnert heute nichts mehr. Und auch vor der Mittleren Teufelsmühle dreht sich heute kein Rad mehr. 1892 wurde sie abgerissen. An ihrer Stelle entstand ein Blockhaus, das bis zu dem bereits erwähnten Mord bewirtschaftet war, heute jedoch als Wochenendhaus genutzt wird.

Der Versuch, den Ursprung eines Mühlennamens zu erklären, führte zu den phantastischsten Geschichten. So wurde eine Zeitlang allen Ernstes behauptet, daß der Müller der Schellenmühle in der Nacht eine Schnur über die Straße gespannt haben soll. Am anderen Ende in der Mühle hing eine Schelle, die, wenn sie schlug, ein Zeichen für Müller und Knechte war, ein vorbeifahrendes Fuhrwerk auszurauben.

Die Kempfmühle in Mespelbrunn soll den Schriftsteller Hans Ulrich Horster in den 50er Jahren zu seinem Roman »Der rote Rausch« angeregt haben.

Idylle im Teufelsgrund: Nichts weist mehr hin auf die Morde an einem Müller und an einem Gastwirt

Heute rauscht nur noch der Ausflugsverkehr über die Erinnerung hinweg. Mit dem Ausbau der Ortsdurchfahrt vor 20 und dem Bau eines Supermarktes vor 10 Jahren verschwanden die letzten Reste des Bauwerks. Wäre es nach den ersten Plänen für den Autobahnbau durch den Spessart gegangen, wäre auch das Fundament der Zwieselsmühle im Haselbachtal unter Asphalt begraben worden. Ein Damm quer durch das Tal sollte das vorzeitige Ende einer Familientradition bedeuten: Seit 1906 betreibt hier die Familie Jeßberger ein Gasthaus. Wer die Einsamkeit des Tales schon einmal an einem Wochentag genossen hat, wird dankbar sein, daß diese Variante verworfen wurde.

Der Bach treibt keine Mühlräder mehr an

Ursachen für den Untergang der Romantik

Die Zeit des Mühlrades ist auch in der Schreckemühle vorbei

Würden wir uns in der heutigen Zeit noch für Mühlen interessieren, ständen sie nicht an Bächen oft weitab jeder anderen Bebauung in reizvoller Landschaft? Die Mühle, wie wir sie uns romantisch verklärt vorstellen und auch im Spessart noch vereinzelt antreffen, hatte bereits in der Mitte des vorigen Jahrhunderts ausgedient. Das Buch »Mühlen und Müller in Franken«, eine Veröffentlichung des Fränkischen Freilandmuseums Bad Windsheim, beschreibt die Entwicklung, die Technik und Bauwerke im Laufe der Jahrhunderte genommen haben. Neben Öl-, Hirse-, Loh-, Gips-, Knochen-, Farben-, Pulver- und Schneid- bzw. Sägemühlen gehört die Getreide vermahlende Mühle zu den bekanntesten Vertretern ihrer Art. In den Spessarttälern sind auch heute noch einige Beispiele vorhanden, wenn auch schon lange außer Dienst gestellt. Eine wichtige Voraussetzung für den Bau einer Mühle war das Wasser, das den Antrieb der Räder besorgte. Je nach Gefälle entschied sich der Müller für ein ober- oder unterschlächtiges (von schlägig, d. h. vom Wasser geschlagen) Mühlrad. Oft mußten auch Wasserbauten (Mühlteiche oder Mühlbäche mit Wehren) im Vorfeld der Mühlen gebaut werden, was die Anlage zu einer großen Investition machte. Alle 20 bis 40 Jahre waren die hölzernen Wasserräder und Wellbäume (Welle vom Rad ins Mühlengebäude) verrottet, mußten erneuert werden.

Gerade die Verwendung von Holz auch im Inneren der Mühlen war die Ursache für das Sterben der Mühlen im 19. Jahrhundert. An ihre Stelle traten die Kunstmühlen, wie man die amerikanische Mahlmühle in Deutschland nennt. Abgesehen von gußeisernen Bauteilen wie den Zahnrädern, die höheren Belastungen gewachsen sind, gab es einige technische Neuerungen, die den noch nach mittelalterlicher Bauweise

konstruierten deutschen Mühlen über-
legen waren. So verteilten Verküh-
lungsrechen den Schrot, gaben ihm
Gelegenheit abzukühlen und steigerten
dadurch die Qualität des Mehls. Denn
die Wärme, die durch die Reibung der
Steine entstand, erwärmte den Schrot.
Die Folge: Der Nährwert des Mehls
sank, die Haltbarkeit war verkürzt, da
das Fett im Korn ranzig wurde.
Weiterer Vorteil der neuen Technik war
die höhere Ausbeute während der
Mahlvorgänge. Später wurden die
Mühlen durch den Einbau von Dampf-
maschinen auch vom Standort und vom
Wetter unabhängig.
Durch den Anfang des 18. Jahrhunderts
einsetzenden Technologietransfer aus
Amerika, Frankreich und England
verbreiteten sich die Kunstmühlen –
anfänglich recht langsam – auch in
Deutschland. Als Hemmschuh stellte
sich die Zunft den technischen Neuerungen in den Weg. Schutzzölle
stoppten anfänglich die Einfuhr aus
Ländern, die mit Hilfe der amerikani-
schen Mühlen billiger produzieren
konnten.
Erst das Einsetzen der Industrialisie-
rung mit der 1811 von Krupp in Essen
gegründeten Gußstahlfabrik ließ die
neue Technik auch im industriell noch
rückständigen Deutschland Fuß fassen.

Im Vergleich mit anderen Landesteilen
setzte der Fortschritt in Franken jedoch
erst viel später ein. Die Gründe sprechen für sich: Schlechte Verkehrswege,
fehlende Absatzmärkte und die hohen
Kosten für den Bau einer Kunstmühle
lohnten die Investition nicht. Wer sich
für die Geschichte der Mühlen interes-

siert, dem sei die im Fränkischen Frei-
landmuseum Bad Windsheim wieder-
aufgebaute Mühle aus Unterschlauers-
bach empfohlen. Anläßlich der Fertigstellung auf dem Gelände erschien das
Buch »Mühlen und Müller in Franken«,
Bad Windsheim, 1984, dem die Informationen entnommen wurden.

Die Zwieselsmühle im Haselbachtal: Nach den ersten Bauplänen sollte hier die Autobahn Frankfurt – Würzburg hindurchlaufen

Essen und Trinken auf Burgen und in Schlössern

Ziel der Wanderung ist die Vesper auf der Burg

Burgen von Aschaffenburg bis Würzburg

Nur Wandern und Radfahren im Maintal genügt nicht. Am Ende einer ausgedehnten Tour oder bei der Halbzeitpause sollte immer eine kräftige Brotzeit für den Erschöpften, etwas verführerisch Süßes für die Naschkatzen oder wenigstens ein heißer Apfelwein für den Fröstelnden bereitstehen. Es muß ja nicht immer das Wanderheim oder der Gasthof an der Straße sein. Wie wäre es denn mal mit einer Burg, oder mit dem, was die Zeit von ihr noch übriggelassen hat? Von Aschaffenburg bis Würzburg säumen zahlreiche Burgruinen den Main, und in einigen laden Terrassen oder Gaststuben zur Rast ein. Unseres Wissens nach sind es das Schloß Johannisburg, die Clingenburg, die Henneburg, die Burg der Stadt Wertheim, die Scherenburg sowie die Feste Marienberg, auf denen Gäste bewirtet werden. Mit der kleinen Reise durch das »Main-Burgenland« wollen wir dem Wanderer helfen, zur richtigen Zeit am richtigen Ort zu sein. Es wäre doch schlimm, wenn man nach mühevollen Stunden vor verschlossener Türe stehen müßte.

Schänke und Hofstuben sorgen auf der über Würzburg gelegenen Feste Marienberg für das Wohl der Gäste

Öffnungszeiten

Die *Schloßweinstuben* in Aschaffenburg sind werktags von 11–24 Uhr, Samstag, Sonntag und an Feiertagen von 10 bis 24 Uhr geöffnet.
Das Restaurant auf der *Clingenburg* ist von Ostern bis Allerheiligen täglich von 10 bis 22 Uhr geöffnet. Von Allerheiligen bis Ostern ist Dienstag Ruhetag.
Die Gaststätte auf der *Henneburg* ist von Dienstag bis Samstag jeweils ab 11 Uhr, Sonntag schon ab 10 Uhr geöffnet. Montag ist Ruhetag.
Essen und Getränke gibt es auf der *Scherenburg* über Gemünden von Freitag bis Sonntag jeweils von 14 bis 22 Uhr.
Von Ostern bis zum 15. Oktober ist die Gastronomie auf der *Wertheimer Burg* täglich ab 10 Uhr geöffnet.
Die »Schänke zur alten Wache« auf der *Feste Marienberg* in Würzburg ist geöffnet vom 1. April bis Anfang November jeweils von 10 bis 18 Uhr (kein Ruhetag). Die »Hofstuben« sind täglich außer Montag (Ruhetag) von 10 bis 23 Uhr geöffnet.

Wo früher nur Adel und Landsknechte zechten

Bewirtschaftete Burgen und Ruinen am Main

Sie wissen noch nicht, wohin Sie am Wochenende wandern oder radeln werden? Sie planen eine mehrtägige Tour entlang des Mains? Zwar fließt der Main nicht durchs Burgenland; doch gibt es auch im Fränkischen einige dieser Relikte vergangener Zeiten. Wir stellen Ihnen hier nun die bewirtschafteten vor.

Wer in Aschaffenburg aufbricht, kann eigentlich schon gleich mit einer Pause beginnen. Am 19. September 1974 eröffneten die Schloßweinstuben, und der Erfolg, den diese Einrichtung seitdem hat, gibt der gastronomischen Idee Peter Schweickards Recht. Von der Vesper bis zum kräftigenden Essen wird der Gast in der Speisekarte fündig. Je nach Witterung wird er auch auf der Terrasse bedient.

Gesättigt schaut der Wanderer aus dem Fenster der Turmstube auf den Main, überlegt, ob er weiterziehen soll. Er sollte sich jedoch noch den Besuch der Prunkräume und der Staatsgalerie gönnen. Das zwischen 1605 und 1614 erbaute Schloß bietet in seinem Innern unter anderem eine Korkmodellsammlung, Fayencen sowie Gemälde vieler Meister wie beispielsweise Lucas Cranach in der älteren, und Ernst Ludwig Kirchner in der neueren Abteilung. Nach Eß- und Baukultur zieht der

Ausgangspunkt der Reise entlang bewirtschafteter Burgen und Schlösser ist Schloß Johannisburg in Aschaffenburg

Gast dann weiter mainaufwärts. Nächstes Etappenziel ist die Clingenburg über der gleichnamigen Stadt. Um 1170 gebaut, hatte sie viele Besitzer und dürfte aller Wahrscheinlichkeit verfallen sein, als sie niemand mehr bewohnen wollte. 1949 entstand in den Mauern der Ruine ein Gartenlokal. Heute hat der Tourist die Wahl, ob er auf der Terrasse oder im Restaurant

bedient werden möchte. 1970 entstand mit Genehmigung des Landesamts für Denkmalpflege ein Restaurant, dessen Beton-Architektur heute von allen Seiten bedauert wird. Die Idee, das Bauwerk mit einer Sandsteinverkleidung aufzuwerten, scheiterte an der Statik. Bleibt ja noch der Turm, von dem der Reisende einen schönen Blick auf Stadt, Land und Fluß genießen kann. Gerade im Herbst, wenn die Blätter der Weinstöcke und der umliegenden Wälder in der warmen Sonne leuchten, ist die Clingenburg ein lohnendes Ausflugsziel.

Bis zur nächsten bewirtschafteten Burgruine ist es nun etwas weiter. Der Wanderer wird den Weg entlang des Mains nach Stadtprozelten wohl kaum an einem Tag bewältigen können. Für den Radfahrer dagegen ist die Fahrt über Miltenberg und Freudenberg ein Leichtes. Bedauerlich, daß unterwegs die Mildenburg und die Ruinen von Freudenberg und Collenberg nicht mit einer Vesper oder einer Tasse Kaffee locken. Erst auf der Henneburg über Stadtprozelten kann man wieder diese Duftmischung aus Strammem Max und altem Gemäuer riechen, besteigt man gestärkt die Türme, genießt den Rundblick, während einem der Wind kräftig um die Ohren pfeift.

Die Burg entstand in der Zeit vor 1200 (eine genaue Datierung ist nicht möglich), wurde später als Steinbruch benutzt und verdankt ihre Erhaltung Ludwig I. 1927 stürzte bei einem Feuerwerk ein Teil des neuen Wohngebäudes ein. 1986 wurde eine vier Jahre dauernde Sanierung abgeschlossen. Peter Gittler bewirtschaftet die Henneburg nun schon fünf Jahre, hält die Gaststube auch in den Herbst- und Wintermonaten offen. Die vergangenen zwei Jahre lassen ihn hoffen, daß sich

Erste Rast auf der Clingenburg über Klingenberg. Vermutlich verfiel die Burg, weil sie nicht mehr bewohnt wurde

Auf der Henneburg gibt's nicht nur einen schönen Blick, sondern auch Strammen Max oder Apfelstrudel

auch in diesem Winter Wanderer bei
ihm verköstigen wollen. Auf der
Terrasse wird dann wohl niemand mehr
sitzen wollen, um den Blick auf Main
und Mondfeld genießen zu können. In
der beheizten Gaststube wird's allemal
gemütlicher sein.
Fast schon in Sichtweite liegt das
nächste Ziel: Die Wertheimer Burg. Für
die Burggastronomie ist Peter Göhring
zuständig, der das »Turmstübchen« im
weißen Turm und die »Burgschänke«
im Löwensteiner Bau betreut. Im Juli
wußte der freundliche Herr in der
Touristeninformation der Stadt noch
nichts von einer Bewirtschaftung der
Burg, obwohl Peter Göhring bereits
Speisen und Getränke servierte. Der
Grund für das Durcheinander: Stadt und
Fürstliche Verwaltung hatten lange
ohne Ergebnis über den Pachtvertrag
verhandelt. Doch nun kann der Besucher den Blick von der Freiterrasse auf
Altstadt und Main wieder bei einem
kühlen oder warmen Getränk genießen;
wenn auch nicht mehr lange. Peter
Göhring plant ab 15. Oktober eine
Winterpause, bevor es im nächsten Jahr
zu Ostern weitergeht. Wer die
Gasträume besucht, dem sei der Kauf
der beiden Faltblätter empfohlen, die,
geschmückt von einer Luftbildauf-
nahme, einen historischen Abriß der

Hoch über Wertheim essen und trinken. Von Ostern bis Mitte Oktober kann man
sich hier nach beschwerlichem Aufstieg erholen

wechselvollen Geschichte der Burg
vermitteln.
Und weiter geht die Reise Richtung
Würzburg. Wieder muß der Durstige
und/oder Hungrige einige Ruinen links
liegen lassen. Selbst auf Burg Rothenfels kann der Tourist nicht landen,
außer er nächtigt in der Jugendherberge. Erst in Gemünden, auf der Scherenburg, wird serviert – wenn auch nur
von Freitag bis Sonntag – was Küche
und Keller zu bieten haben. In Abstim-
mung mit dem Veranstaltungsprogramm der Stadt bewirtschaftet Fritz
Kapsammer, seines Zeichens auch
Hotelier in der Stadt, die Scherenburg,

veranstaltet Landsknechtessen und
Weinproben, verköstigte auf der Burg
schon zwei Hochzeitsgesellschaften und
heißt auch Wanderer willkommen.
Nach Würzburg müssen nun die Füße
tragen oder die Pedale getreten werden,
bis man wieder über einer Stadt essen
und trinken kann. 1995 pachtete Peter
Schweickard die gastronomischen
Betriebe auf der Feste Marienberg hoch
über der Bischofsstadt. Jetzt gibt es hier
zwei Möglichkeiten, die Füße unter den
Tisch zu stellen und fränkische Spezialitäten zu bestellen. Von April bis
November erhält der Ausflügler in der
»Schänke zur alten Wache« einen
Imbiß, oder in den »Hofstuben« ganzjährig (ausgenommen Betriebsferien
und Ruhetag) auch etwas mehr.
Mit Würzburg ist unsere Reise entlang
des Mains beendet. Am Schluß noch
ein Tip: Wenn's möglich ist, sollte das
Auto zu Hause bleiben. Bus oder Bahn
für die Rückreise sind besonders für
Kinder ein weiterer Höhepunkt einer
Wanderung oder Radtour.

*Landsknecht-
essen, Wein-
proben und eine
kleine Vesper für
Wanderer bietet
die Stadt
Gemünden in
Zusammenarbeit
mit einem Hote-
lier auf der Sche-
renburg*

Den Blick auf Fluß und Wald vom Aussichtsturm

Schöne Aussichten im Herbst
Schon König Ludwig genoß den Blick

Türme im Spessart, die zu einem Blick in die Ferne locken

Die letzten Eicheln schlüpfen schon bei leichtem Wind aus den Hütchen. Das Laub ist auf dem Rückzug. Unter dem Besucher zeigen die Kronen Herbstlaub. Den Blick nach Westen gerichtet, funkelt der Main in der Sonne. Im Osten ahnt man die Kahl, blickt auf die 500 Meter hohe Steigkoppe zwischen Sailauf und Engländer.

Rast unter dem Aussichtsturm auf dem Hahnenkamm

Als die Honoratioren aus nah und fern am 19. September 1880 ihrem Ludwig I. gedachten und den Ludwigsturm auf dem Hahnenkamm in 436 Metern Höhe einweihten, schlug die Begeisterung hohe Wogen.
Ein Zitat aus der Festrede von Dr. Niedenthal aus Alzenau mag dies belegen: »Ich hatte das Vergnügen, den Turm selbst besteigen zu können! Oben angelangt, war ich tatsächlich von dem außerordentlichen Eindruck, den dieses große und herrliche Panorama auf mich machte, höchst überrascht, und ich dachte vor allem, König Ludwig I. hatte recht, als er hier im Jahre 1840 zu seiner Umgebung sagte: O, ein schönes Stückchen ›deutscher Erde!‹
Oberförster Schäfer, der den Leuten vom Frei-gerichter Bund Alzenau – sie errichteten den Turm – schon bald das Ende des Gucks in die Ferne weissagte, sollte schon wenige Jahrzehnte nach der Einweihung recht behalten. Anfangs stand der Turm nur von wenigen niedrigen Bäumen umgeben. Keine Baumkrone hemmte den Blick in die Ferne. Doch dann machte die Natur dem menschlichen Bedürfnis nach Fernblicken ein Ende. Die Bäume überragten die bruchsteinernen Zinnen.
1934 setzten die Wanderer gezwungenermaßen noch eins drauf. Durch das Aufstocken verlor der Turm jedoch seinen mittelalterlichen Charakter. Stützende Pfeiler aus dem Gestein der unmittelbaren Umgebung – Hornblendegneis und schiefrige Quarzite – sind der Tribut, den die Statik forderte. Aus einem romantisierenden Bauwerk des vergangenen Jahrhunderts wurde ein Turm ohne jeden ästhetischen Anspruch.
Wer einmal einen Blick auf und vom Ludwigsturm riskieren möchte, erreicht sein Ziel entweder mit dem Auto vom Kahlgrund herauf über Hemsbach oder zu Fuß von den den Hahnenkamm umgebenden Orten aus. Wer das Ziel hungrig und durstig erreicht hat, kann auf eine Bewirtung in der Berggaststätte hoffen.

Den einen Schlüssel gibt's im Rathaus
Den anderen verwahren Anlieger

In der Stadt Obernburg dürfen zwei Türme bestiegen werden

Sonntagnachmittags ist er im Sommer geöffnet. Doch was tun, wenn der Radwanderer oder Ausflügler unter der Woche oder in den späten Monaten des Jahres einen Blick auf Obernburg werfen möchte? Kein Problem. Im Rathaus können sich potentielle Turmbesteiger beim für den Fremdenverkehr zuständigen Verwaltungsbediensteten den Schlüssel für den »Runden Turm« aushändigen lassen. Wenn Sie ihm ein Pfand zurücklassen, kann er auf die Rückgabe des Schlüssels hoffen.
Sie haben den Schlüssel erhalten? Gut! Nun beginnt das kleine Abenteuer. Sie stecken den Schlüssel in die dafür vorgesehene Öffnung, versuchen ihn zu drehen. Erfolglos dringen Sie immer tiefer ein. Schon haben Sie Angst, er flutscht Ihnen durch. Und dann – der Greifring ist schon fast nicht mehr zu sehen – spüren Sie, wie das Schloß seinen Widerstand aufgibt, der Bart die Mechanik in Gang setzt und sich beim Drücken der Klinke die Tür öffnet. Geschafft? Noch liegen 22 Meter vor Ihnen. Schmale, hölzerne Stufen führen steil nach oben.
1885 machten die Stadtväter aus dem einzigen runden Turm der Stadt ein Ausflugsziel. Treppen wurden eingebaut, die, wenn auch immer wieder erneuert, bis heute zum Besteigen

einladen. Und dann liegt die Stadt dem »Abenteurer« zu Füßen. Unten, in der Runde-Turm-Straße drängt sich der Verkehr. Nichts will mehr daran erinnern, daß die Straße einmal breit gewesen sein soll, um zu dem von Stadtvätern gewünschten »Bahnhof Runder Turm« zu gelangen. Der Bahnhof wurde nie gebaut. Vielleicht wäre dem Projekt auch der 1400 erbaute Turm zum Opfer gefallen.
Sie haben immer noch nicht genug vom Turmsteigen? Obernburg besitzt einen weiteren begehbaren Turm. Doch Vorsicht ist angebracht. Wer den »Almosenturm« erklimmen möchte, sollte keine Angst vor steilen, leiterähnlichen Treppen haben, nicht in Kostüm und der besten Hose in die Höhe wollen.
Auch für diesen Turm muß man sich erst einmal den Schlüssel besorgen. Familie Wölfelschneider in der Unteren-Wallstraße 25 (direkt gegenüber dem Turm) hat die »Schlüsselgewalt«. Die Frau des Hauses ist nicht überrascht, wenn Sie sie darum bitten, den Turm aufzuschließen.
So aufregend der Weg über die »Hühnerleitern« nach oben auch ist, so enttäuschend ist dagegen die Aussicht über Obernburg hinweg. Doch probieren Sie's einmal selbst aus.

Den Schlüssel für den Almosenturm in Obernburg erhalten Turmbesteiger bei der Familie Wölfelschneider

Der Blick von oben
und die Zeit zum Träumen

Klingenberg, Stadtprozelten und Wertheim

Nur wenige Kilometer von Obernburg entfernt liegt Klingenberg. Hier genießt der Gast gleich zweimal schöne Aussichten. Sowohl von der Burgruine, als auch vom Aussichtsturm »Alte Schanze« aus dem Jahr 1903 streift der Blick über Stadt, Land und Weinberge. Wenn das Klingenberger Wanderheim geöffnet ist, so zeigen das die Wirtsleute den Spaziergängern durch das Hissen einer Fahne auf dem Aussichtsturm an. Eine geöffnete Gaststube bedeutet auch, daß der Aussichtsturm nicht verschlossen ist. Jung und alt können problem- und gefahrlos die Stufen nach oben nehmen. Dort angekommen atmet man erst einmal richtig tief durch, genießt den Wind, der die

Einen Blick auf Klingenberg kann man sowohl von der Burg, als auch vom Turm an der »Alten Schanze« (links) werfen. Gleich von zwei Türmen fällt der Blick von der Henneburg hoch über Stadtprozelten auf den Main

Haare fliegen läßt und weiter unten den Eß-Kastanien-Bäumen das Laub nimmt. Mit der Wanderkarte in der Hand beginnt die Suche nach markanten Punkten: Dörfer, Bergrücken und Spitzen wollen gesucht und gefunden werden. Und unten, im Maintal, fahren Schiffe in die Schleusenkammer ein, lassen sich Richtung Miltenberg heben. Auf der Fahrt weiter mainaufwärts sucht der Ausflügler lange vergeblich nach Aussichtstürmen. Erst oberhalb von Stadtprozelten wird er wieder fündig. Zwei Türme, einer mächtiger als der andere, ragen hoch über die weitläufige Anlage hinaus. Bei Gewitter, so warnt ein Schild, sollte man den Türmen fernbleiben. Vom vorderen Turm fällt der Blick in die Tiefe. Stadtprozelten und Mondfeld liegen dem Wanderer zu Füßen. In der Ferne schmiegt sich Faulbach in den Mainbogen. Ein Spaß ist es, durch die Ruine der Henneburg zu streifen. Der hintere Turm lädt ebenfalls zum Besteigen ein. Ein Podest erlaubt, über die Zinnen hinweg zu sehen.
Ähnlich geht's dem Besucher der Wertheimer Burgruine. Zwischen den Dächern begleitet das Auge die letzten Meter der Tauber bis zur Mündung in den Main. Die architektonische Vielfalt von Häusern der verschiedensten Zeiten

Wertheims Dächer, die Tauber und der Main liegen dem Besucher des Burgturmes als malerisches Ensemble zu Füßen

reizt das Auge zum Verweilen, zum Suchen, zum Analysieren. Alte Bieberschwänze konkurrieren mit neuen Dacheindeckungen, der freistehende Giebel eines ausgebrannten Gebäudes ruft Erinnerungen wach an Brände im Mittelalter. Schnell fraßen sich die Flammen von Dachstuhl zu Dachstuhl, zerstörten ganze Stadtteile. Der Blick von oben gibt Gelegenheit, zu träumen.

Unverbaute Sicht über Stadt und Landkreis

Vom Hindenburg- zum Hönleinturm

Aschaffenburg und seine Stadtteile liegen dem Wanderer zu Füßen. Johannesberg, Haibach und viele andere Orte können von oben betrachtet werden. Wer den Aufstieg zum Schweinheimer Hausberg, dem 347 Meter hohen Stengerts nicht scheut, kann den von keinem Berg verstellten Blick in die Mainebene genießen. Eine gute Fernsicht verspricht ein schönes Wandererlebnis.

25 Meter hoch ist der steinerne Zeuge der Spessartbund-Aktivitäten der 30er Jahre. Von der Aussichts-Plattform auf dem Hönleinturm gibt's was zu sehen. Hindenburg-Turm, Stengertsturm, Hönleinturm; wie man das Bauwerk in der Vergangenheit auch immer nannte: Krieg und Zerstörungswut von Zeitgenossen unserer Tage haben ihm nichts anhaben können.

1937 war er unter den gleichen Umständen wie der Ludwig-Keller-Turm auf der Geißhöhe entstanden. Sieben Meter tief liegt das Granit-Fundament, 80 Zentimeter sind die Mauern im unteren Bereich stark, 25 Meter soll der Aussichtsturm hoch sein – über die Höhe gibt es widersprüchliche Angaben. Sie schwanken zwischen 22 und 35 Metern.

Nicht nur den Eingang des Ludwig-Keller-Turms zierten die Insignien der Nationalsozialisten. Auch am Turm auf dem Stengerts lassen sich Adler und Hakenkreuz noch ahnen. Nach dem zweiten Weltkrieg wurde aus dem Hindenburg-Turm der Hönleinturm, benannt nach dem Arzt, Heimatforscher und Vorsitzenden (bis 1933) des Spessartbunds, Dr. Hans Hönlein.

Vom Stengerts hätte der Wanderer keine Aussicht, wäre da nicht der Hönlein-Turm, von dem aus der Blick über Aschaffenburg und den Mainbogen streift

Die Aussichtstürme entstanden, bevor Nazis das Geld einstreichen konnten

Ludwig-Keller-Turm und Hönleinturm haben einen gemeinsamen Ursprung

520 Meter über dem Meeresspiegel liegt Oberwintersbach auf der Geiß-höhe. Einige wenige Häuser ragen aus der Hochebene heraus. Am Ortsrand steht ein Turm, kaum höher als die Wohnbebauung in der Nähe. Als Aussichtsturm wurde er 1936 von den Mitgliedern des Spessartbunds konzi-piert und gebaut. Über die Höhe des Turms gibt es interessanterweise keine Angaben. Die Vermutungen gehen weit auseinander. Kaum höher als 10 Meter wirkt er auf den Betrachter. 24 Meter, so die Auskunft aus Spessartbund-Kreisen, sei er hoch. Gut 30 Meter vermuten die Wirtsleute in der Nach-barschaft.

Egal wie hoch der Turm auch sein mag: Die Aussicht ist auch bei nicht so klarer Luft die Fahrt oder die Wanderung auf die Geißhöhe wert. In der Ferne leuchtet von der Sonne beschienen Stockstadt und Mainaschaff. Im Westen ragt der Schornstein der Akzo aus dem Maintal heraus, weist auf die Lage von Elsenfeld und Obernburg hin. Der Fern-sehturm bei Wenschdorf, hoch über Miltenberg, scheint zum Greifen nahe. Die Metalltafel auf dem Turm verspricht bei guten Sichtverhältnissen den Blick zum Feldberg, dem Otzberg bei Groß-Umstadt und anderen markanten Punkten in Spessart, Taunus

Der Ludwig-Keller-Turm auf der 520 Meter hohen Geißspitze

und Odenwald. Der Ludwig-Keller-Turm ist Zeuge der Tätigkeit von Georg Keimel, Ludwig Keller und anderen Männern des Spessartbunds in den 1920er und Anfang der 1930er Jahre.

In Krausenbach, wo Keimel Lehrer war, war ein Doppelprojekt geplant; eine Jugendherberge und ein »Spessart-haus« genanntes Spessartbund-Gebäude mit Büro und Übernachtungsmöglichkeiten, Gesellschafts- und Veranstaltungsräumen. Die Finanzierung sollte über Zuschüsse, eine Lotterie und eine Sammelaktion erfolgen, bei der für das Spessarthaus Bausteine verkauft wurden, das Stück zu 50 Pfennigen. Als sich Verzögerungen ergaben, konzentrierte man sich zunächst auf die Jugendherberge, die 1928 eröffnet wurde. Für das Spessarthaus wurde weiter gesammelt.

1933 wurden die Wandervereine in das System der nationalsozialistischen Organisationen übergeführt. Die Wanderverbände gliederte man in den »Reichsbund für Leibesübungen« ein. Präsident des Spessartbundes wurde der Aschaffenburger Oberbürgermeister und NSDAP-Kreisleiter Wilhelm Wohlgemut. Die Spessartjugend ging in der Hitlerjugend auf.

Die Chancen für das Spessarthaus, das auch Ausdruck der selbstbestimmten Eigenständigkeit des Spessartbundes hätte sein sollen, schwanden. Gleichzeitig stieg die Gefahr, daß eine NS-Organisation die Hand auf die angesammelten Gelder legen würde. Um das Kapital dem befürchteten Zugriff zu entziehen, verwendete man es für den Bau von zwei steinernen Aussichtstürmen. Der erste entstand 1936 auf der Geißhöhe, der zweite 1937 auf dem Stengerts bei Aschaffenburg. Die Eingangsseite des Geißhöhturms war mit dem Reichsadler geschmückt, der einen Kranz mit dem Hakenkreuz in den Fängen hielt. Darunter in Fraktur »Ludw. Keller Turm – Erbaut im Jahre der Ehre 1936 vom Spessartbund e. V.«

Auf der über dem Dammbachtal gelegenen und mit einem Weiler besiedelten Geißhöhe waren schon vor der Jahrhundertwende die jungen Leute der Umgegend zusammengekommen, hatten Sommerfeste gefeiert und Johannisfeuer abgebrannt.

Dann wurde die Geißhöhe der Berg des Spessartbunds. Seit 1913 hielten dort die Frankfurter »Hochspessartfreunde« ihr alljährliches Vereinsfest ab. Der Name Geißhöhfest bürgerte sich ein. Zu unbekannter Zeit wurde ein Aussichtsstand aus Holz gebaut. Während des Geißhöhfestes 1925, das mit dem Spessartbundfest verbunden war, beschlossen die Wandervereine die heutige Organisationsform des Spessartbunds (in Kraft seit 1927). 1930 nahm der Verein im Zusammenspiel mit der Krausenbacher Jugendherberge das Geishöhfest in seine Regie und gestaltete es mit Theateraufführungen in Krausenbach und Sport und Spiel auf der Geißhöhe zu einem Jugend- und Volksfest aus. Das »Dritte Reich« stufte das Fest zu einer Veranstaltung der lokalen Spessartbund-Ortsgruppe herab.

Ludwig Keller, der Namensgeber des Turms, stammte aus Lohr, war Professor für Turnen am Aschaffenburger Gymnasium, Verfasser von Heimatschauspielen und wie Georg Keimel ein Anhänger der Jugendherbergs-Idee. Von 1926 bis zu seinem Tod 1932 war Keller Vorsitzender des Spessartbunds.

Nach Kriegsende wurden am Turm der Reichsadler und das Hakenkreuz abgeschlagen, der leere Kranz blieb erhalten. Das Geishöhfest wurde 1950 mit Singen, Musizieren sowie Volks- und Trachtentänzen wiederbelebt und hielt sich bis 1959.

Mit dem Schiff
fast lautlos
die Natur erleben

Mit der »Mozart« die Natur fast lautlos erfahren

Auf Linienfahrt zwischen Miltenberg und Wertheim

Unbeeindruckt von Fingern, die auf ihn zeigen, beobachtet er das Wasser, wartet auf seinen Moment. Die Sonne ist durch den Nebel gebrochen. Sie läßt das Frühlingsgrün der Buchen im wärmenden Licht leuchten. Doch gleich ist der Blick auf ein neues kleines Erlebnis am Ufer gerichtet, das entspannt bei einem Schluck Kaffee verdaut wird. Pünktlich 9.30 Uhr startet Wilhelm Vick die Motoren der »Mozart«, löst Dieter Albers die Taue.

Zur Linienfahrt von Miltenberg nach Wertheim sind an diesem Dienstag vielleicht 60 Fahrgäste an Bord gegangen. Der Nebel hat sicherlich einige von dem Entschluß abgehalten, einen Ausflug zu unternehmen. Doch die Sonne belohnt die Wagemutigen, die sich zu einer Reise auf dem Main entschlossen haben. Kurz hinter Miltenberg beginnt für die Fahrgäste das Naturerlebnis. Die roten Felsen der aufgelassenen Sandsteinbrüche leuchten

in der Sonne, Reiher stehen auf Ästen oder im flachen Wasser und nehmen kaum Notiz von den Fingern, die sich nach ihnen recken. Immer wieder zeigen die Ausflügler ihre Begeisterung, wenn sie einen der majestätischen Vögel entdeckt haben. Währenddessen gleitet die »Mozart« weiter durch das Fahrwasser. Die starken auf Gummi gelagerten Antriebsaggregate lassen das Schiff fast lautlos auf dem Wasser fahren. Das Rauschen der Bugwelle

Pünktlich um 9.30 Uhr legt die »Mozart« in Miltenberg zur Reise nach Wertheim ab. Für die Fahrgäste beginnt ein Naturerlebnis der besonderen Art

und das Zwitschern der Vögel in den Erlen und Weiden, die das Ufer säumen, wird einige Male vom Lärm des Straßenverkehrs unterbrochen. Der Schiffsführer der »Mozart«, Wilhelm Vick, kündigt durch den Lautsprecher den vor uns liegenden Ort an, erwähnt das Juliusspital als Eigentümer der Weinberge, die zur Linken liegen. »Die Leute wollen diese Ansagen,« erzählt Wilhelm Vick. Seit 19 Jahren fährt er für die Reederei Henneberger auf dem Main, ohne daß ihm die Strecke nach Wertheim in dieser Zeit langweilig wurde. »Die Landschaft sieht jedesmal ein bißchen anders aus.« Sein Hund Vido bekommt von alledem nichts mit, hat sich auf seiner Decke eingerollt und schlummert bis Wertheim. Auch als der zweite Binnenschiffer an Bord, Dieter Albers, nach dem Schleusenvorgang wieder auf die »Brücke« kommt, bleibt er unbeteiligt liegen. Zwei der 34 Schleusen auf dem schiffbaren Main passiert die »Mozart« zwischen Miltenberg und Wertheim. Nach der Schleusenkammer in Faulbach treffen wir erstmalig auf Motorgüterschiffe. Die 500 PS des Fahrgastschiffes lassen uns problemlos an den tief im Wasser liegenden Schiffen vorbeiziehen. Die Schiffsführer winken sich zu, und schon sind wir wieder

allein auf dem Main. Ruhig, nahezu unbewohnt wirken die Dörfer in der Mittagssonne. Um so größer ist der Kontrast, als wir an Bestenheid vorbei auf Wertheim zufahren. Industrie und Straßenverkehr holen die Fahrgäste wieder in die lärmende Wirklichkeit zurück. Doch pünktlich um 15 Uhr legt die »Mozart« wieder Richtung Miltenberg ab. Drei weitere Stunden der Entspannung liegen vor den Reisenden. (Die Linienfahrten werden von Mai bis 15. Oktober Dienstag, Donnerstag und Samstag angeboten).

Auf ihn zeigen alle Finger, er macht die Fahrt mit dem Schiff zum Naturerlebnis. Entlang des Mains sind zahlreiche Reiher zu beobachten

Schiffsführer Wilhelm Vick auf der Brücke der »Mozart«

Fahrgastschiffe auf dem Main
Die Angebote im Überblick

Linien-, Ausflugs- und Ferienfahrten zwischen Frankfurt und Würzburg

Die Fränkische Personenschiffahrt (FPS) mit Sitz in Kitzingen bietet Touren rund um Volkach, von Schweinfurt nach Volkach, von Schweinfurt nach Bamberg, von Bamberg nach Volkach sowie mehrtägige Kreuzfahrten von Würzburg nach Regensburg und von Aschaffenburg nach Nürnberg an. In Würzburg hat die Schiffstouristik Kurth & Schiebe Rundfahrten von Würzburg nach Veitshöchheim im Programm; im August Ferienfahrten (Kitzingen – Würzburg, Würzburg – Ochsenfurt, Würzburg – Sulzfeld). In den Monaten September und Oktober werden jeweils samstags und sonntags Linienfahrten von Ochsenfurt nach Veitshöchheim angeboten.

Ein weiterer Anbieter ist die Veitshöchheimer Personenschiffahrt, zu der auch die Miltenberger Personenschiffsreederei Hans Henneberger gehört. In Würzburg werden täglich Linienfahrten von Würzburg nach Veitshöchheim und Ferienfahrten (1. August bis 12. September) angeboten. Die Strecken: Ochsenfurt – Würzburg – Veitshöchheim, Würzburg – Ochsenfurt – Sulzfeld, Würzburg – Karlstadt – Gemünden. Ab Miltenberg (Henneberger) fahren die Schiffe nach Kleinheubach, nach Freudenberg oder nach

Großheubach mit Schleusendurchfahrt. Dienstag, Donnerstag und Samstag verkehrt ein Linienschiff zwischen Miltenberg und Wertheim (Mai bis 15. Oktober). Mittwochs ist ab August eine Tagesfahrt von Aschaffenburg nach Miltenberg und zurück möglich.

Die Wertheimer Personen-Schiffahrt bietet neben täglichen Rundfahrten (außer Donnerstag, jedoch feiertags) und Schleusenfahrten (Wertheim– Urphar) bis zum 15. Oktober Linienfahrten von Wertheim nach Miltenberg (Donnerstag außer feiertags) und bis Mondfeld (Samstag) sowie von Wertheim nach Lohr (jeden 2. Mittwoch im Monat).

Die Wikinger Linie (Frankfurt) befährt die Route Aschaffenburg–Seligenstadt von Mai bis Oktober (Tage telefonisch erfragen, da jährlich wechselnd). Von Frankfurt nach Miltenberg mit Zusteigemöglichkeiten in Offenbach und Seligenstadt geht's im Juli und August.

Die Primus Linie (Frankfurt) verkehrt zwischen Aschaffenburg und Seligenstadt zwischen Juni und September (Tage erfragen). Die große Mainfahrt von Frankfurt nach Miltenberg findet im Juni und Juli statt.

Weitere Informationen gibt's bei den Reedereien selbst. Hier die Telefonnummern:

Fahrkartenverkauf in Miltenberg

Fränkische Personen-Schiffahrt
0 93 21 / 91 81-0,
Schiffstouristik Kurth & Schiebe
09 31 / 5 85 73,
Veitshöchheimer Personenschiffahrt
09 31 / 5 56 33,
Personenschiffsreederei Hans Henneberger 09 3 71 / 33 30,
Wertheimer Personen-Schiffahrt
0 93 42 / 14 14
Wikinger-Linie 0 69 / 29 39 60,
Primus-Linie 0 69 / 28 18 84

Hütten, die Sie nur zu Fuß erreichen können

Wo Sie nur zu Fuß hinkommen

Wanderziele für Autos nicht erreichbar

Wandern im Spessart; diese Freizeitbeschäftigung treibt Jahr für Jahr Tausende von Menschen in den Wald. Doch was wäre eine Tour ohne ein Ziel.

Wer nicht am Wegesrand das selbstgeschmierte Brot und den dampfenden Tee aus der Thermoskanne konsumieren möchte, dem bieten sich im für den Fremdenverkehr gut erschlossenen Spessart zahlreiche Gasthäuser als Alternative. Doch lassen sich Gasthäuser auch mit dem Wagen erreichen. Wir möchten an dieser Stelle die bewirtschafteten Häuser im Spessart vorstellen, die wirklich nur zu Fuß zu erreichen sind, wo der Parkplatz oft viele Kilometer entfernt liegt, und nur der Pächter eine Zufahrtserlaubnis besitzt.

Soweit bekannt, treffen diese Kriterien im Spessart nur auf vier Häuser zu: Das Wanderheim Klingenberg, die Wanderschänke Karlshöhe, das Fürstliche Forsthaus Sylvan sowie das Forsthaus Aurora. Der auf der Wanderkarte des Spessartbundes noch als bewirtschaftet eingetragene »Neubau« wird seit einigen Jahren nur noch privat bewohnt. Hungrige und durstige Wanderer stehen hier vor verschlossenen Türen. Bis auf das Klingenberger Wanderheim liegen alle bewirtschafteten Häuser im Wald des Fürsten Löwenstein. Die Verwaltung liegt beim Fürstlichen Forstamt Einsiedel.

Öffnungszeiten und Telefonnummern

Es wäre doch ärgerlich, wenn man sich auf eine Erfrischung oder Brotzeit freut und feststellen muß, daß die Schänke geschlossen ist. Deshalb hier die Öffnungszeiten der Häuser:

Wanderheim Klingenberg: Mittwoch ab 12 Uhr, Samstag und Sonntag ab 10 Uhr

Fürstliches Forsthaus Sylvan: Täglich außer Dienstag (Ruhetag)

Wanderschänke Karlshöhe: Montag Ruhetag, sonst täglich von 10 bis 18 Uhr

Forsthaus Aurora: Sonntag und Montag geschlossen, sonst täglich von 10 bis 18 Uhr Achtung!!! Der **Neubau** ist auf den Wanderkarten noch als »bewirtschaftet« eingezeichnet. Das Gebäude wurde jedoch an einen Privatmann verpachtet. Hungrige und Durstige gehen hier leer aus.

Sollten Sie planen, die bewirtschafteten Forsthäuser oder die Wanderschänken einmal mit einer Gruppe zu besuchen, sollten Sie sich anmelden. Hier die Telefonnummern der Häuser:

Wanderheim Klingenberg Erwin Löbig 09372/2488 oder G. Zöller 09372/3164.
Wanderschänke Karlshöhe Familie Mandrek Telefon 09394/448
Fürstliches Forsthaus Sylvan Familie Krebs Telefon 09394/585
Forsthaus Aurora Familie Pfeuffer Telefon 09393/202

Aus allen Richtungen gut zu erreichen

Wanderschänke Karlshöhe im Spessart

Im Fürstlich-Löwensteinschen Park liegt das Jagdschloß Karlshöhe, das, wie die anderen Schänken auch, aus allen Himmelsrichtungen und, je nach Geschmack und Kondition zu erreichen ist. Egal ob man aus dem Hafenlohrtal, Windheim, Marienbrunn, Esselbach kommt: Der Besucher der Karlshöhe ist überrascht von der Vielzahl der Gebäude, die im Wald gar nicht vermutet wird.

In einem flachen Gebäude führt Sigrid Mandrek die Wanderschänke Karls-höhe. Wie lange schon…? Diese Frage ist schwierig zu beantworten. Siegrid Mandrek vermutet, daß es inzwischen mehr als 20 Jahre sind, die sie mit ihrer Familie in unmittelbarer Nähe des Jagd-schlosses wohnt. Damals, so erinnert sie sich, suchte der Fürst einen Pächter. Die weitere Geschichte des Gebietes rund um die Schänke bleibt im dunkeln. Auch auf der Karlshöhe ist Elektrizität kein Thema. Gas und Holz liefern Licht und Wärme und damit die nötige Energie für eine warme Mahlzeit.

Die Wanderschänke Karlshöhe im Fürstlich-Löwensteinschen Park wird von Siegrid Mandrek bewirtschaftet

Im Sylvan bleibt die Röhre schwarz
Der Weg nach Canossa führt vorbei

Dieter Krebs bewirtschaftet die Schänke im Heinrichsgrund

Der Sylvan im Löwensteinschen Park liegt im Heinrichsgrund. Die Hütte wird von Dieter Krebs und seiner Familie bewirtschaftet

Viele interessante Informationen konnte Dieter Krebs, Pächter des Sylvan, zum Bericht über die von ihm und seiner Familie bewohnte Schänke beisteuern. Auch der Sylvan ist Bestandteil des Fürstlich-Löwensteinschen Parks. Den kürzesten Weg hat der Wanderer, wenn er vom Parkplatz am Torhaus Aurora (an der Bundesstraße 8) aufbricht. Der Sylvan ist wie das Forsthaus Aurora ein ehemaliges Torwärterhaus, das 1803 entstanden ist. Der Wald, so weiß Dieter Krebs zu berichten, war jedoch nicht immer in fürstlichem Besitz. Der Fürst Löwenstein-Wertheim-Rosenberg erhielt das Areal als

Ersatz für den Verlust linksrheinischer Gebiete durch die Invasion Napoleons. Zuvor war das Kloster Neustadt am Main Eigentümer der Waldfläche. Der Sylvan liegt in unmittelbarer Nähe zum Heinrichsbach, der seinen Namen von Heinrich IV. bekommen haben soll. Dieser Heinrich befand sich auf dem Weg nach Canossa, um bei Papst Gregor VII. mit einem Kniefall für die Aufhebung des Kirchenbannes zu bitten. In einer natürlichen Höhle in der Nähe des Sylvan, dem »Schächerloch«, soll Heinrich die Nacht verbracht haben. 915 Jahre später bewirtet die Familie Krebs Wanderer, deren Ziel

nicht ganz so weit entfernt liegt. Dieter Krebs übernahm den Sylvan nach offizieller Bewerbung 1988. Damit setzte er eine Familientradition fort. Denn schon seine Mutter hatte das Gebäude seit 1983 geführt. Eingerichtet worden war die Gaststätte von der Familie Väth, die das Haus Anfang der 60er Jahre übernommen hatte. Wie die anderen Schänken im Park auch, muß auch Dieter Krebs auf Strom aus der Steckdose verzichten. Das bedeutet: Kein Fernseher, keine Video-Recorder, keine Küchengeräte wie Mikrowelle oder Spülmaschine. Energie gibt es ausschließlich über den Propangasbehälter. Doch Dieter Krebs kann darauf verzichten. Die idyllische Lage (der nächste Ort ist 6 Kilometer entfernt), kein Straßenlärm, der Spielplatz Natur für die Kinder entschädigen für das Fehlen der Elektrizität. Schneereiche Winter oder Orkane wie »Wiebke« steigern die Einsamkeit noch. Denn ist man durch umgestürzte Bäume erst einmal von der Außenwelt abgeschnitten, hilft auch der Geländewagen nicht mehr weiter. Für die Kinder der Familie Krebs werden solche Naturereignisse in Zukunft willkommener Anlaß sein, den Kindergarten- oder Schulbesuch ausfallen zu lassen.

Ein warmes Essen oder einen heißen Tee mitten im Wald

Im Forsthaus Aurora lebt man abseits des Verkehrs

Zwischen Rechtenbach, Neustadt am Main und Bischbrunn liegen drei bewirtschaftete Hütten, die alle zum Wald des Fürsten zu Löwenstein gehören. Je nach Ausdauer sind die Gebäude über die verschiedensten Wege zu erreichen. Gerade unter der Woche, wenn kaum jemand die Zeit aufbringen kann, durch den Spessart zu wandern, findet man in diesem Waldgebiet noch die Ruhe und Erholung abseits der Straßen, die so oft vermißt wird.

Das Forsthaus Aurora (nicht zu verwechseln mit dem Torhaus Aurora an der Bundesstraße 8) ist vom Bischborner Hof aus, ohne daß große Höhenunterschiede überwunden werden müssen, zu erreichen. Der Wanderer kann sich jedoch auch von Rechtenbach, Lohr, Neustadt am Main, Rothenfels oder Einsiedel im Hafenlohrtal auf den Weg machen. Karl-Heinz und Gertrud Pfeuffer bewohnen das Haus seit vielen Jahren. Für Karl-Heinz Pfeuffer, der Angestellter des Fürsten ist, ist Aurora gleichzeitig Dienstwohnung. Gertrud Pfeuffer bewirtet die Gäste im Nebenerwerb – außer Sonntag und Montag – von 10 bis 18 Uhr. Und auch im Winter müssen die Wanderer nicht auf ein warmes Essen oder einen heißen Tee verzichten. Urlaub, so Karl-Heinz Pfeuffer, ist deshalb nur getrennt möglich. Die Geschichte des Forsthauses Aurora beginnt 1808. Damals wurde ein Haus für den Zaunwart gebaut, dessen Aufgabe die Kontrolle des rund um den Löwensteinschen Besitz verlaufenden Zaunes war. Noch heute kommt man beim Durchwandern des Forstes an Toren vorbei, an denen die Häuser stehen.

1936 wurde das Gebäude abgerissen und durch einen Neubau ersetzt. Seitdem dient es als Forsthaus. Aber erst seit etwa 1975 ist Aurora bewirtschaftet und wurde dadurch zu einem beliebten Ziel von Einzelwanderern und Gruppen. Die Bewirtung von Gästen ist ein Service, den die Familie Pfeuffer von sich aus anbietet.

So idyllisch die Lage des Hauses jedem Besucher auch erscheinen mag: Wer hier lebt, muß auf manche Selbstverständlichkeit der Zivilisation verzichten. Elektrizität liefert ein Notstromaggregat, das jedoch nur dann aktiviert wird, wenn Waschmaschine und Bügeleisen danach verlangen. Um die Räume zu beleuchten, drehen die Mitglieder der Familie Pfeuffer den Gashahn auf. Und die Quelle, die die Bewohner und Gäste mit Wasser versorgt, liegt einen Kilometer entfernt. Versagt die Pumpstation durch einen Defekt, sitzt die Familie auf dem trockenen. Karl-Heinz Pfeuffer muß dann, egal bei welchem Wetter, hinausfahren und den Fehler beheben.

Eine Vesper unter dichtem Laub vor dem Forsthaus Aurora. Gertrud Pfeuffer bewirtet hier die Gäste im Nebenerwerb täglich außer Sonntag und Montag. Ehemann Karl-Heinz Pfeuffer ist Angestellter des Fürsten

Vom mittelalterlichen Wall bis Hermann Prey

Geschichte eines Wandererziels mit Hütte und Turm

Wer noch das jagdgrün gestrichene Wanderheim Klingenberg des Spessartbundes kennt, weiß um den Unterschied zu dem hellen Gebäude aus massivem Nadelholz, das seit dem 15. Juni 1991 neben dem Aussichtsturm steht. Doch nicht nur die interessante handwerkliche Arbeit – die Bauarbeiten sind

Einen Turm können Wanderer auf dem Klingenberger Schloßberg besteigen. Er liegt in unmittelbarer Nähe des Wanderheims

durch Fotografien im Gastraum dokumentiert – lockt gerade am Wochenende eine Vielzahl von Besuchern an. Vom Parkplatz neben der Clingenburg gibt es zwei Wege, die zur Schutzhütte führen. Wer den kürzeren wählt, geht gleich vom Parkplatz über einen noch vom »Vergraben« der Versorgungsleitungen gezeichneten Weg in gerader Linie den Berg hinauf. Auf halber Höhe erhält der Wanderer die Möglichkeit, auf einem mit dem Laub der zahllosen Eßkastanienbäume bedeckten Holzabfuhrweg parallel zum Main verlaufend den Spaziergang etwas auszudehnen. Die Mühe lohnt sich allemal, da immer wieder schöne Aussichtspunkte zum Verweilen einladen. Nach einiger Zeit führt ein schmaler Pfad in entgegengesetzter Richtung hinauf zur Hütte. Noch etwas weiter ist der Weg von der Clingenburg über den »Sonnenweg« durch die Weinberge. Schon fast in Röllfeld muß man am Wanderheim Klingenberg-Röllfeld entgegengesetzt der Laufrichtung etwas ansteigen und erreicht schließlich die Abzweigung, die zum Aussichtsturm und dem Wanderheim Klingenberg führt. Bei kühler und feuchter Witterung ist man schließlich froh, im Gastraum bei Kaffee und Kuchen oder einer Jause die »Strapazen« des Weges zu vergessen.

Bei Sonnenschein gibts jedoch Schwierigkeiten, auch an den im Freien aufgestellten Tischen einen Platz zu bekommen. Auf einem neugestalteten Spielplatz vergnügen sich die Kinder; etwas abseits stehen die Pferde einer Reitergruppe. Dann haben die Wirtsleute alle Hände voll zu tun. Zwar ist das Gebäude nur Mittwoch und Sonntag jeweils ab zehn Uhr geöffnet; doch kommen auch immer wieder Schulklassen auf den Berg, die nach Voranmeldung auch an anderen Tagen nicht hungernd vor dem Gebäude lagern müssen. Neben dem Spielplatz ist für die Kinder der Aussichtsturm ein besonderer Magnet. Doch nicht nur der Turm allein kennzeichnet ein Stück Geschichte Klingenbergs. Gudrun Berninger sammelte für eine Ausgabe des Spessart-Heftes eine Vielzahl von Informationen, die eine Entstehung des Areals schon im 9. Jahrhundert dokumentieren. Damals gab es zwar noch kein Wanderheim, dafür jedoch einen Ringwall. Die Befestigungsanlage ist ein Teil der Besiedlungsgeschichte, die mit der Burgruine und dem Aussichtsturm (1903) noch sichtbare Zeugen der Entwicklung besitzt. Schon immer regte die »alte Schanze« die Phantasie der »Forscher« an. So

Ein lohnendes Ziel im Sommer und im Winter: das Klingenberger Wanderheim

wurde lange Zeit vermutet, daß sich die Germanen an dieser Stelle eine Flieh- burg errichtet hatten, um die auf der gegenüberliegenden Mainseite in einem kleinen Numeruskastell lebenden Römer im Auge behalten zu können. Heute weiß man, daß die Eindringlinge schon lange abgezogen waren, als die 180 mal 115 Meter große Befestigungs- anlage entstand. Vermutlich entstand der Wall zur Kontrolle der Wasser- straße Main. Der aller Wahrscheinlich- keit nach aus Holz und Erde gebaute Wall wird heute von einem Weg durch- schnitten, der durch die Bauarbeiten für den Aussichtsturm entstanden sein könnte. Die Entstehung des Turms geht auf eine Idee des Kaufmanns Heßler zurück. Klingenberg war schon um die Jahrhundertwende ein Ort, in dem der Fremdenverkehr die Gastronomie blühen ließ. Die reichen Tonvor- kommen hatten die Bürger wohlhabend gemacht. Um vom Turm aus einen ungehinderten Blick zur Hohen Warte, Mainbullau, Wenschdorf und sogar zur Geissspitze haben zu können, waren die Bäume gefällt worden. Gudrun Berninger erwähnt über die Geschichte der »Alten Schanze« einen alten Klin- genberger, der sich noch an die Ausstattung des Sandsteingebäudes mit farbigen, bleiverglasten Fenstern erin-

nern kann. In den Jahren nach seiner Entstehung wurde der Turm zu einem, wie man heute sagen würde, Besucher- magnet, nicht zuletzt durch die vom Klingenberger Forstmeister Adalbert Hein gepflanzten Eßkastanien. Stim- mungsvolle Feste endeten mit Lampionzügen hinunter ins Maintal. Von den Amerikanern 1945 zerstört, wurde der Turm von Idealisten reno- viert und eine eiserne Wendeltreppe aus dem ehemaligen Elektrizitätswerk eingebaut. Schließlich stellte der Spes- sartbund 1968 eine Hütte auf. Das Gebäude stammte aus der Düsseldorfer Siedlung, das waren Baracken, in denen während des II. Weltkriegs Evakuierte aus dem Rheinland untergebracht waren. Das Provisorium führte Valentin Jakob, der die Gäste nicht nur durch die auf dem Ölofen gerösteten Eßkastanien angelockt haben soll. Plumpsklo,

dämmriges Gaslicht und Ölofenro- mantik hatten 1990 ein Ende. Um die Weihnachtszeit begannen sechs Holz- fachleute aus Polen die auf Sattel- schleppern angelieferten Bauteile zu einem Haus zusammenzusetzen. Mit Zimmermannsaxt und Handdrohms- säge wurden die Balken, die zuvor sieben Jahre abgelagert worden waren, bearbeitet. Die Bohlen wurden verklammert und verzapft. Zusätzlich investierten die Mitglieder des Spessart- bundes mehr als 6500 Arbeitsstunden, verlegten Kanal-, Wasser- und Strom- anschluß bis zur Clingenburg. Als schließlich am 15. Juni 1991 das Gebäude feierlich eingeweiht wurde, war unter den Festgästen auch ein Gönner zu sehen, der, so Gudrun Berninger, für die Belange der Klingen- berger Wanderer stets »eine offene Hand« hat: Hermann Prey.

Waldhäuser sind Rastplätze für Wanderer

Treffpunkt für kleine und große Wanderer

Geschichte des Obernburger Waldhausvereins

Das Obernburger Waldhaus ist an zwei Tagen in der Woche bewirtschaftet

Drei auf einen Streich

Obernburg, Wörth und Seckmauern bilden ein Dreieck. Dessen Eckpunkte sollen die Waldhäuser dieser drei Orte sein. Der Gedanke, daß der Begriff »Waldhaus« in diesem Bereich bewußt gewählt wurde, stellte sich als Irrtum heraus. Kein gemeinsamer Verein, keine gemeinsame Idee gab ihnen den Namen, so die Vereinsvorsitzenden übereinstimmen. Allein das Obernburger Waldhaus steht mitten im Wald; das Seckmauerner mehr, das Wörther weniger am Waldrand. Für Wanderer soll die Vorstellung der Häuser ein Anreiz sein, alle drei an einem Tag anzugehen, auch wenn das Waldhaus Seckmauern nicht an einem markierten Wanderweg liegt. Mit einer guten topografischen Karte kein Problem.

Eltern kennen die Situation: Matt und lustlos schleppt sich der Nachwuchs durch den Wald. Wandern wurde von den Eltern »befohlen«. Doch dann kommt das Obernburger Waldhaus in Sicht, und schon sind die Kleinen verschwunden. Energiegeladen werden Rutschbahnen und Klettergerüst besetzt. Die Müdigkeit ist vergessen. Den Erwachsenen ist's recht. Ungestört lassen sie sich die Vesper schmecken. Nach dem letzten Aufstieg, von Eisenbach kommend, sind sie alle froh, das gastliche Ziel erreicht zu haben.

Das Obernburger Waldhaus – bereits seit dem Jahr 1900 eine Institution –, liegt umgeben von Wald zwischen Obernburg und Wörth. Doch erst seit 1947 müssen Spaziergänger nicht hungrig und durstig weiterziehen. Bevor sich die Mitglieder des Waldhausvereins nämlich entschlossen, ihr Haus auch für die Öffentlichkeit zu öffnen, war nur Mitgliedern der Zugang gestattet.

Am 6. April 1900 trafen sich im »Löhrschen Gasthof« (heute: Römerhof) in Obernburg 47 Männer, um einen Gesellschaftsverein zu gründen. Voraussetzung für die Mitgliedschaft im Waldhausverein waren ein guter Leumund und ein Alter von mehr als 32 Jahren. Zweck der Vereinsgründung

ist der ».. . Unterhalt eines Waldhauses«. Der Magistrat der Stadt
Obernburg bewilligte das Baumaterial
und stellte einen Bauplatz oberhalb des
»Saustallbuckels« zur Verfügung. Das
Gebäude wurde noch im gleichen Jahr
fertiggestellt.
1942 brach die Vereinsgeschichts-
schreibung abrupt ab. Erst 1945 werden
die Mitglieder durch ein Rundschreiben
wieder zu neuen Aktivitäten aufgefor-
dert. Der kommissarische Vorsitzende,
Franz Link, meldete sich mit der Bitte
um den Jahresbeitrag und die Mithilfe
beim Wiederaufbau zu Wort. Am 16.
Dezember 1947 erhält der Verein eine
neue Lizenz. Das Vereinsheim ist nun
auch für die Öffentlichkeit geöffnet.
Der Ansturm der Wanderer zwingt zu
einem Neubau. Das alte Gebäude wird
an den Rand des Geländes versetzt.
1950 ist das neue fertiggestellt. 1985
brannte es aber aus bis heute unbe-
kannten Gründen ab. Wieder begann
die Aufbauzeit. Dicke Mauern, die
hinter einer Holzverkleidung verborgen
wurden und feuerfeste Türen, so Karl
Plöchel, der Vorsitzende des Vereins,
sollen die Mitglieder vor einem
weiteren Totalverlust bewahren.
Wenn das Waldhaus mitttwochs und
sonntags geöffnet ist, arbeiten
ausschließlich Vereinsmitglieder vor

Ort. 80 Aktive gewährleisten, daß die
Vorgaben der Satzung erfüllt werden:
»Unterhaltung des Waldhauses und
Erschließung des Stadtwalds für die
Bevölkerung.« Dazu zählen die Wald-
häusler jedoch nicht nur die Bewirt-
schaftung der Hütte, sondern auch die
Erhaltung eines großen Spielplatzes und
die Markierung von Rundwander-
wegen. Abschließend sei noch auf eine
Besonderheit hingewiesen, auf die die
Vereinsmitglieder sehr stolz sind: Im

Waldhaus ist nämlich selbstverständ-
lich, wozu die Wirte per Gesetz
gezwungen werden sollen: Der Gast hat
die Wahl zwischen einigen alkohol-
freien Getränken, die billiger angeboten
werden als Wein und Bier. Öffnungszeiten: mittwochs 12.30–18 Uhr; sonntags 9.30–18 Uhr; wenn ein Feiertag
auf den Montag fällt (Ostern und Pfing-
sten), bleibt das Waldhaus sonntags
geschlossen, ist jedoch montags
geöffnet. ☎ 0 60 22 / 18 88.

Während die
Erwachsenen
beim Bier
ausruhen, haben
die Kinder die
Möglichkeit, in
Sichtweite auf
dem Spielplatz
neben dem Wald-
haus herumzu-
toben

Auf der Suche nach »Diana« im Wald

Das Waldhaus »Diana« Wörth

Seit 1951 besteht das Waldhaus »Diana« Wörth

Monatelang nahmen die Besucher große Umwege in Kauf. Die Verlegung der Bundesstraße 469 an den westlichen Ortsrand von Wörth schnitt den Autofahrern den Weg zum Waldhaus ab. Jetzt steht die Verbindung wieder. Und dennoch: Wer den Weg nicht kennt, sucht in Wörths Neubaugebiet auch schon einmal ein bißchen länger. Zwar taucht am Straßenrand ein Hinweisschild auf. Doch an der nächsten

Einmündung muß man raten. Links abbiegen stellt sich schon bald als Fehler heraus. Also wieder zurück. An der Einfahrt zum Grundstück der Firma Arnheiter steht das nächste Hinweisschild. Tatsächlich: Zwischen rangierenden Gabelstaplern und beladenen Lastwagen tastet sich der Fahrer bis zum anderen Ende des Industriebetriebs vor, läßt die alte Mülldeponie rechts liegen und gelangt schließlich zum

Schützenhaus. Hier heißt es links abbiegen und dem Weg in den Wald folgen. Und da steht es: Das Waldhaus »Diana« Wörth.

1951 stellten es die Mitglieder der Ortsgruppe Wörth des Spessartbundes in nur drei Monaten Bauzeit fertig. Noch im gleichen Monat beschloß man in der Generalversammlung, sich in »Wanderfreunde Wörth« umzubenennen. Mit dem Waldhaus hatten die Wanderfreunde ein Ziel geschaffen, das nicht nur die Wanderer anlockte. Auch die Wörther kommen bis heute mit Kind und Kegel auf die Anhöhe westlich der Stadt, um ihr Naherholungsziel zu nutzen. Bereits 1977 trugen die Vereinsmitglieder dem Andrang Rechnung: Ein erster Anbau löste Platzprobleme. Im gleichen Jahr erhielt das Haus einen Anschluß an die städtische Wasserversorgung; 1993 wurde ein Kanal verlegt. Auch die Küche wurde erweitert, um dem Pächter, Herbert Bauer, ein besseres Arbeiten zu ermöglichen.

Das Waldhaus Wörth, das nicht nur Ziel vieler Wanderer und Autoausflügler ist, sondern auch Ausgangspunkt für größere Touren, siehe Wandertafel am Parkplatz, ist mittwochs (13.30–20 Uhr), samstags (13.30–20 Uhr) und sonntags (10–20 Uhr) geöffnet.

Am Waldrand steht das Dritte im Bunde

Der Aussichtspunkt Waldhaus Seckmauern

Wer aufmerksam seine Spessart-Wanderkarte studiert, vielleicht weil er fürs Wochenende ein neues Ziel sucht, wird am westlichen Rand nicht nur die Waldhäuser von Obernburg und Wörth entdecken. Auch oberhalb von Seckmauern führt eine Hütte diese Bezeichnung, die die Ortsgruppe des Odenwaldklubs in den fünfziger Jahren gebaut hat.

Als sie 1954 entstand, lag das Waldhaus bereits am Waldrand. Die Wohnbebauung beschränkte sich jedoch noch

auf das Tal. Doch wie viele Gemeinden wucherte auch das zu Lützelbach gehörende Seckmauern an den Hängen hoch, so daß es mit der Waldrandidylle heute vorbei ist. Allein die Aussicht nach Osten auf Erlenbach und in den Spessart hinein ist erhalten geblieben. Doch wie lange noch? Georg Mißback, Vorsitzender der Ortsgruppe im Odenwaldklub, weiß nicht, ob die geplante Bebauung unterhalb des Waldhauses in Zukunft noch eine Aussicht zuläßt. Warum hatten die Mitglieder der

OWK-Ortsgruppe die Bezeichnung »Waldhaus« gewählt? Georg Mißback erinnert sich, daß schon im Planungsstadium immer nur vom »Waldhaus« gesprochen wurde. Ob's da eine Verbindung zu den Häusern in Obernburg und Wörth gab, kann er nicht sagen. Ebenfalls unbekannt ist, wie lange der OWK das Waldhaus bereits von Pächtern bewirtschaften läßt. Helene Wolafka ist derzeit »Wirtin« des Waldhauses, das mittwochs von 14 bis 20 Uhr und sonntags von 9.30 bis 20 Uhr geöffnet hat.

Bereits in Hessen liegt das Waldhaus Seckmauern, das 1954 entstand. Von der Hütte aus hat der Wanderer einen weiten Blick über den Main in den Spessart

Adressen
für Angelbegeisterte bis Wintersportler

Angeln

Alzenau:
Meerhofsee Alzenau: Angelsportverein Alzenau, Wolfgang Schoettle, Rannenbergring 19, (06023) 6578. Tageskarten: Eisenwaren Stapf, Neu-Isenburger Str. 2, (06023) 2078.

Amorbach:
ASV Amorbach, 1. Vorsitzender Peter Ballmann, Mühlrain 46, (09373) 4233. Angeln im Billbach, ca. 2 km Länge, nur mit Fliege.

Arnstein:
Büchold Angelseen, Anglerverein »Werntal«, Herr Otto Weber, Seeweg 20, (09363) 5313.

Aschaffenburg:
Angelkarten: Armin Brenneis, Mainblick 11, Kleinostheim, (06027) 9364.

Bürgstadt:
Angeln im Main und Angelgeräte; Angelsportverein Hubert Zitzler, Mühlweg 3a, (09371) 5514.

Burgsinn:
Angelverein Burgsinn, Otto Neuf, (09356) 1036. Ab 1995, Angelteiche am nördl. Ortsausgang (Richtung: Bad Brückenau). Pension und Reiterhof »Obere Mühle«, Fellen, (09356) 1363.

Eichenbühl:
Verkehrsbüro, (09371) 7208. Angeln im Forellenwasser »Erf« oder im Main.

Elsenfeld, OT Schippach:
Anglergruppe des Fremdenverkehrsvereins, R. Lattin, (06022) 4920.

Erlenbach:
Angelsportverein »Gut Fang«, August Kohl, Kolpingstr. 3, 63939 Wörth: Info: Angler-Shop, M. Riemann, Gartenstr. 4, (09372) 4236.

Eschau:
Verkehrsverein, (09374) 2362, oder Rathaus, (09374) 359

Flörsbachtal:
Peter Glück, Quellenring 8, Flörsbach, (06057) 518. Hartgrundsee: Jürgen Dünkel, Im Kreuzel 10, Lohrhaupten, (06057) 497. Angelteiche. Ralf Amend, Mühlgasse 6, Kempfenbrunn, (06057) 1405.

Frammersbach:
Verkehrsverein e. V., (09355) 4800. Aubach-See (Habichsthal).

Gemünden a. Main:
An Main, Saale und Sinn; Äsche, Forelle, vereinzelt Saibling, Aal, Hecht, Barsch, Brachse, Barbe, Schleie, Rotauge, Döbel und sonstige Weißfische. R. Hartmann, Frankfurter Str. 27 (09351) 1520.

Gräfendorf:
Fränkische Saale, Bereich Gräfendorf und Schonderfeld. S. Heinlein, (09357) 281 und Gemeinde, (09357) 214. Karten: Wagner,

Hauptstr. 13; Fam. Göckeritz, Hauptstr. 15; Egon Volkert, Roßmühle.

Großheubach:
Tourist-Information, Im alten Rathaus, (09371) 409943. Main als Fischgewässer; Fischereischein erforderlich!

Hafenlohr:
Angelkarten bei: Fischerzunft Ewald und Magda Brönner, 97840 Hafenlohr, Bergstraße 8, (09391) 26621.

Heigenbrücken:
Angelsee in Lohrtal (Richtung Neuhütten); Angelsportverein »Frühauf 1978«, Vors. Theo Fiederling, Bayernstr. 16, (06020) 2298. Info und Verkauf: Kur- und Verkehrsamt, 06020) 1381. Fangbeschränkung für Edelfische, Weißfische unbegrenzt; Schonzeiten beachten!

Himmelstadt:
(Main) Alfred Frick, Thüngener Str. 52, 97225 Zellingen-Retzbach, Tel. (09364) 4618.

Karlstadt:
(Main) W. Wingenfeld, Langgasse 43, 97753 Karlstadt, (09353) 8349 (abends) und Fischereiverband Unterfranken e. V., Spitalgasse 5, 97082 Würzburg, Mo.–Fr. 8.00–15.30 Uhr (Weißfische, Raubfische).

Kleinwallstadt:
Armin Brenneis, Mainblick 11, 63801 Kleinostheim, (06027) 9364.

Klingenberg:
Heinrich Ebert, Wilhelmstr. 75,

(09372) 10433. Angeln nach Vereinbarung, Fischereischein erforderlich.

Lohr a. Main:
Im Main von Rodenbach bis Gemünden sowie im Hafenlohrtal: Hecht, Zander, Barsch, Rotauge, Karpfen, Brachsen, Aale und teilweise Forellen; Tageskarten bei H. Höfling, Hemmbergstr. 7, Tel.: 2418, Rechtenbach, und bei Herrn Beller, Steinbacher Str. 23, Lohr-Steinbach, (09352) 9404.

Marktheidenfeld:
Gastkarten: Zoolog. Handlung H. Ritter, Mitteltorstr. 18, (09391) 2662.

Miltenberg:
Tourist-Information, Rathaus, Engelplatz, (09371) 400119. Rechte und linke Mainseite.

Neuhütten:
Freizeitsee, Angelverein Neuhütten, Emil Stenger, Büttnergasse 5, (06020) 1419.

Neustadt a. Main:
(Main); Aal, Hecht, Zander, Karpfen, Rotauge, Barsch, Brasse. Fischerzunft Rothenfels e. V., G. Brönner, Röderweg 4 (09393) 581.

Obernburg am Main:
Stadt Obernburg am Main, Römerstr. 62–64, (06022) 50020. Mo.–Fr. 8–12 Uhr, Mo. 14–17 Uhr, Mi. 14–18 Uhr.

Partenstein:
Am See (Richtung Lohr), Verkehrs-

verein, W. Heinsen, Roßbachstr. 40, (09355) 1899.

Rieneck:
Parksee; Gastkarten: Stadt Rieneck, Bürgerzentrum, Schulgasse 4.

Schollbrunn:
Kartause Grünau, Anglerverein Hasloch, Otto Schöffer, (09342) 59318, Wochenende geöffnet.

Stadtprozelten:
Schifferverein, 1. Vorsitzender Ernst Reichelmann, Hauptstr. 143, (09392) 7266. Ausgabe von Berechtigungskarten bei Ernst Reichelmann oder auf der Mainfähre.

Triefenstein, OT Trennfeld:
Main und See; Angelverein Trennfeld, S. Walter, Hauptstr. 81, (09395) 482.

Wertheim:
Uwe Körber, Brummgasse 18, (09342) 7720.

Wörth am Main:
Erika Schellenberger, Landstr. 53, (09372) 73200.

Würzburg:
Main mit seinen Altwassern. Strecke von Veitshöchheim bis Sommerhausen. Aal, Barbe, Karpfen, Schleie, Zander, Hecht, Waller, div. Weißfischarten. Fa. Vogel Peter, Ursulinergasse 15, 97070 Würzburg, (0931) 53347 und Unterfr. Fischereiverband, Spitalgasse 5, 97082 Würzburg, (0931) 414455.

Zellingen:
(Main) Johann Schindler, Hauenweg 41, 97255 Zellingen, (09364) 2676.

Fliegen, Segel-, Drachenfliegen, Ballonfahren

Aschaffenburg:
Flugsportclub Aschaffenburg e. V.,
Babenhäuser Str., Großostheim/Flug-
platz, (0 60 26) 49 33. Motor-,
Segelflug, Ballonfahrt; Rundflüge ab
8 Uhr bis Sonnenuntergang.

Bürgstadt:
Drachenflugclub Miltenberg e. V.,
Rudolf Heisig, Bürgstadter Str. 17,
(0 93 71) 26 37.

Heimbuchenthal:
Stephan Hofmann, Hauptstr. 176,
(0 60 92) 74 33 oder 3 08. Rundflüge.

Karlstadt:
Gästerundflüge mit Motor- oder
Segelflugzeug. Anmeldung auf dem
Fluggelände (Saupurzel), (0 93 53)
24 46 oder bei Walter Fresenius,
Veitshöchheim, Ravensburger Str. 3,
(09 31) 9 51 77. Flugbetrieb (wette-
rabhängig) Samstag und Sonntag.

Marktheidenfeld:
Gästerundflüge mit Motor- und
Segelflugzeug ab Segelfluggelände
Altfeld, Flugsportclub Altfeld,
Römerstr. 23, Flugleitung: (0 93 91)

26 76, Vors.: (0 93 91) 62 54. Flugbetrieb ab Frühjahr bis Spätherbst

Miltenberg, OT Mainbullau:
Flugsportclub Miltenberg e. V., Flug-
platz Mainbullau, (0 93 71) 33 63.
Segelfliegen, Motorflug. Flug–
betriebszeiten: Di. bis einschl.
So. 10–20 Uhr, tägl. Rundflüge,
Mo. Ruhetag. Drachenflug:
siehe **Bürgstadt**

Fremdenverkehrsämter

Städtisches Verkehrsamt
Hanauer Straße 1
63755 **Alzenau**
(0 60 23) 50 21 12

Stadtverwaltung
Postfach 1280
63916 **Amorbach**
(0 93 73) 2 09 40

Kongress- u. Touristikbetriebe
Schloßplatz 1
63739 **Aschaffenburg**
(0 60 21) 39 58 00

Gemeindeverwaltung
Große Maingasse 1
63927 **Bürgstadt**
(0 93 71) 20 51

Gemeindeverwaltung
Rathaus
97904 **Dorfprozelten**
(0 93 92) 72 47

Markt Elsenfeld
Marienstr. 29
63820 **Elsenfeld**
(0 60 22) 5 00 70

Städtisches Verkehrsamt
Bahnstr. 26
63906 **Erlenbach**
(0 93 72) 7 04 32

Gemeindeverwaltung
Rathausstr. 11
63863 **Eschau**
(0 93 74) 350 o. 359

Gemeindeverwaltung
Hauptstr. 121
97906 **Faulbach**
(0 93 92) 84 44

Verkehrsamt
Hauptstr. 40
63639 **Flörsbachtal**
(0 60 57) 90 01 23

Verkehrsverein
Rathaus
97833 **Frammersbach**
(0 93 55) 48 00

Stadtverwaltung
97896 **Freudenberg**
(0 93 75) 9 20 00

Verkehrsamt
Hofweg 9
97737 **Gemünden**
(0 93 51) 38 30

Heimat- u. Verkehrsverein
Im Alten Rathaus
63920 **Großheubach**
(0 93 71) 40 99-43

Marktverwaltung
Schaafheimer Straße 33
63762 **Großostheim**
(0 60 26) 50 04 27

Gemeindeverwaltung
Postfach 30
63808 **Haibach**
(06021) 6480

Kur- und Verkehrsamt
Hauptstr. 7
63869 **Heigenbrücken**
(06020) 1381

Städtisches Verkehrsbüro
Hauptstr. 24
97753 **Karlstadt**
(09353) 7902-88

Verkehrsverein
63872 **Heimbuchenthal**
(06092) 1515

Gemeindeverwaltung
63768 **Hösbach**
(06021) 9707

Fremdenverkehrsverein
Oberes Kahltal
Westerer Weg 11
63828 **Kleinkahl**
(06024) 3269

Verwaltungsgemeinschaft
Postfach 40
63835 **Kleinwallstadt**
(06022) 2206-45

Kultur- und Verkehrsamt
Bahnhofstr. 3
63911 **Klingenberg**
(09372) 13311

Fremdenverkehrsamt
Schloßplatz 5
97816 **Lohr**
(09352) 848460

Fremdenverkehrsamt
Altes Rathaus
Marktplatz 24
97828 **Marktheidenfeld**
(09391) 500441

Fremdenverkehrsverein
Hauptstr. 158
63875 **Mespelbrunn**
(06092) 319

Verkehrsamt
Engelplatz 69
63897 **Miltenberg**
(09371) 400119

Marktverwaltung
Schimborner Straße 6
63776 **Mömbris**
(06029) 70531

Gemeindeverwaltung
Hauptstr. 70

63853 **Mömlingen**
(06022) 3234 o. 31522

Verwaltungsgemeinschaft
Hauptstr. 44
63933 **Mönchberg**
(09374) 7640

Fremdenverkehrsverein
Lindenbrücke 49
97843 **Neuhütten**
(06020) 1569 o. 1864

Verkehrsverein
Bernhard-Krieg-Straße 1
97845 **Neustadt a. Main**
(09393) 593

Stadtverwaltung
Römerstr. 62 u. 64
63785 **Obernburg**
(06022) 50020

Golf

Stadtverwaltung
Schulgasse 4
97794 **Rieneck**
(0 93 54) 6 42 o. 13 18
o. Verkehrsverein 6 56

Verwaltungsgemeinschaft
Marktstr. 1
63825 **Schöllkrippen**
(0 60 24) 3 09 20

Verwaltungsgemeinschaft
Hauptstr. 132
97909 **Stadtprozelten**
(0 93 92) 71 17

Gemeindeverwaltung
Untere Hauptstraße 14
97291 **Thüngersheim**
(0 93 64) 96 30 o. 41 49

Touristik GmbH
Erwin-Vornberger-Platz
97209 **Veitshöchheim**
(0 93 1) 9 00 96-39 o. 37

Fremdenverkehrsgesellschaft
Am Spitzen Turm
97877 **Wertheim**
(0 93 42)10 66

Stadtverwaltung
Luxburgstr. 10
63939 **Wörth**
(0 93 72) 59 06 o. 54 57

Fremdenverkehrsamt
Am Congress-Centrum
97070 **Würzburg**
(0 93 1) 3 73 35

Eichenbühl, OT Guggenberg:
Adolf Hennich, Ortsstr. 9,
(0 93 78) 3 64. Z. Zt. nur Driving-
Range-Anlage.

Hösbach, OT Feldkahl:
Golfclub, Am Heigenberg 30,
(0 60 24) 72 22; Geschäftsstelle:
Dr. Reinhard Lohse, Kirchenstr. 13,
63739 Aschaffenburg. (0 60 21)
9 18 40. 9-Loch-Anlage, Standard 67,
Greenfee beträgt in der Woche
40, am Wochenende 50,– DM. Gäste
sind willkommen, wenn Sie Mitglied
eines Golfclubs sind.

Marktheidenfeld:
Golf-Club Main-Spessart, Marktheid-
denfeld-Eichenfürst e. V.,
Postfach 151, 97828 Marktheiden-
feld, (0 93 91) 85 21.
6-Loch-Übungsanlage, 9-Loch-
Anlage Standard 72.
Trainierstunde täglich möglich,
auch für Nichtmitglieder.
Schlägerverleih.

Weilbach:
Golfclub »Gut Sansenhof«, 2 × 9-
Loch (ab 1996 27-Loch-Anlage)
(0 93 73) 45 03

Grillplätze

Alzenau:
Städt. Forstverwaltung Alzenau, (0 60 23) 50 21 90. Grillplätze: Strandbad Meerhofsee, Wasseranschluß; Wasserlos: Steinbruch, Benutzung kostenlos, Anmeldung

Amorbach:
Grillplatz an der Albertanlage, Schlüssel über Städt. Verkehrsamt, (0 93 73) 2 09 40, keine Gebühr. Grillplatz im Bürgerpark, keine Gebühr.

Bessenbach:
Mehrere gemeindeeigene Grillplätze, Benutzung kostenlos, Anmeldung: Gemeindeverwaltung (0 60 95) 9 71 10.

Bürgstadt:
Markt Bürgstadt, Große Maingasse 1, (0 93 71) 20 51. Grillplatz Walzrainweg, Benutzung kostenlos. Anmeldepflicht im Rathaus.

Eichenbühl:
Grillplatz am Parkplatz Kohlgrund. Anmeldung: Rathaus, (0 93 71) 9 72 00.

Elsenfeld, OT Eichelsbach:
Grillplatz am Roßbacher Weg, Fl. Nr. 650. 10–22 Uhr nach Anmeldung bei Marktverwaltung, Marienstr. 29, (0 60 22) 5 00 70. Preis: 20,– bis 100,– DM.

Erlenbach:
1 Grillhütte, 1 Grillplatz, gegen Kaution bei Gemeinde, (0 93 91) 35 29.

Eschau:
Grillplätze in den Ortsteilen Sommerau und Wildensee. Marktverwaltung Eschau, (0 93 74) 3 50, 8–12 Uhr.

Esselbach:
Grillhalle beim Gasthof »Talblick«, OT Steinmark. Fam. Rexroth, (0 93 94) 22 36.

Flörsbachtal:
Revierförsterei, Am Hüttberg, (0 60 57) 6 22. Grillplätze: Rödereiche, Flörsbach; Pfingstweiher, Kempfenbrunn; Am Hüttenberg, Kempfenbrunn; Plätze kostenlos. OT Lohrhaupten: Revierförsterei, Im Kreuzel 19, (0 60 57) 6 53. Grillplatz: Im Heiligen, kostenlos.

Gemünden a. Main:
Grillen an der Mainlände. Anmeldung: Verkehrsamt, »Haus des Gastes«, (0 93 51) 38 30.

Großheubach:
Grillplatz am Busigberg mit Schutzhütte; zu Fuß von Straße Großheubach-Roßhof in ca. 15 Min. erreichbar; gute Aussicht. Tourist-Information, Im Alten Rathaus, (0 93 71) 40 99 43 oder Marktverwaltung, (0 93 71) 40 99 0.

Heigenbrücken:
Köhlermahlzeiten am Wildgehege (Informationsmaterial anfordern!). Anmeldung im Kur- und Verkehrsamt (0 60 20) 13 81. Mai–Oktober, für Gruppen ab 30 Pers. 14,– DM, ab 40 Pers. 13,50 DM, ab 50 Pers. 13,– DM; Voranmeldung!

Heimbuchenthal:
Grillplatz am Freizeitgelände Buch-rain. Anmeldung: Gemeinde, Rathaus, Hauptstr. 81, (0 60 92) 70 55.

Höchberg:
»Am Sandsteinbruch« (Grillplatz), (09 31) 49 70 70, Gemeinde

Hösbach, OT Rottenberg:
Gemeindeverwaltung Hösbach, (0 60 21) 50 03-0. Grillstation am Buchenklinger mit Fließwasser am Ortsrand, 10,– DM.

Karlstadt
• »Am Saupurzel«, 3 Grillstationen mit Tischen und Bänken auf 2 Ebenen, Parkplätze. Telefon (0 93 53) 26 30, Stadtverwaltung, (0 93 53) 79 02-0
• Stadtteil Gambach – »An der Musikhalle«, 2 Grillstationen, 1 offene Feuerstelle, Tische und Bänke, (0 93 53) 85 63, Herr Peter Weiglein, Gambach
• Stadtteil Heßlar – »Am Ortsrand in Blumenwiese« 1 Grillstelle, 1 offene Feuerstelle, Sitzgruppe, (0 93 60) 13 33, Herbert Weidner, Heßlar
• Stadtteil Laudenbach – »Freizeitanlage Laudenbach«. 2 Grillstellen, 40-qm-Blockhütte mit Tischen und Bänken, Toiletten, (0 93 53) 29 93, Herr Helmut Säle, Laudenbach
• Stadtteil Rohrbach – »Oberhalb des Sportplatzes«, 2 Grillstellen, 1 Feuerstelle, 1 Freisitz mit Pergola, 3 Sitzgruppen, Parkplätze, Spielwiese, inmitten eines begrünten Erdwalles, (0 93 59) 82 48, Herr

Gerhard Keß, Rohrbach
• Stadtteil Stadelhofen – »Am Orts-
rand«. 1 Grillstelle, Tische und
Bänke, Parkplatz, (09396) 1507,
Heribert Sendelbach, Stadelhofen
• Stadtteil Stetten – »Am Brück-
berg«. 2 Grillstellen, 1 offene Feuer-
stelle, 1 Sitzgruppe, 2 Bänke,
(09360) 432, Herr Oswald Gerhard,
Stetten

Leidersbach, OT Volkersbrunn:
Gemeinde Leidersbach, Hauptstr.
124, (06028) 8037, nach Vereinbarung. Grillplatz mit Kinderspielplatz und Toilettenanlage.

Lohr am Main:
Grillplatz a.d. Mainlände, unter der
neuen Mainbrücke, 2 gemauerte
Grillstätten, Toil.-Anlage. Auskunft:
Tourist-Information,
(09352) 848460 und 5152.

Marktheidenfeld:
Grillplatz an der Köhlerhütte im
Stadtteil Glasofen. Robert Hepp,
Steinbusch 1, (09391) 3983.

Mespelbrunn:
»An der Leite« und »An der Insel«,
Benutzung kostenlos, Endreinigung
Bedingung! Info: VG Mespelbrunn
in Heimbuchenthal, Hauptstr.,
(06092) 7055.

Miltenberg:
Grillplatz »Schindkaute«, 40 Min.
Fußweg, Richtung Eichenbühl im

Wald. Tourist-Information, Rathaus,
Engelplatz, (09371) 400119.

Mömbris:
Grillplatz im OT Mensengesäß,
oberh. Hauensteinerstraße.
Auskunft: Theo Bauer,
Forstgraben 23 (06029) 6707.

Mönchberg:
Grillplatz mit Schutzhütte und
Kinderspielplatz am Eselsweg,
Staatsstraße 2441, Richtung Collenberg, Höhlinie rechts; Hainbuchen-
brunn, Zwergbrunnen Schmachten-
berg; Preis: 20,– DM. Markt Mönchberg, Rathaus, (09374) 7000.

Neuhütten:
5 Grillplätze am Abenteuer-Spiel-
platz »Bischborner Hof«
(B 26, Abzweigung am Bischberger
Hof, Richtung Lichtenau, 500 m
links). Frei zugänglich, 3 Grillplätze
in Neuhütten an der Schutzhütte.
Auskunft Gemeinde (06020) 1570.

Obernburg a. Main, OT Eisenbach:
Grillplatz am Bubenbrunnen im
Stadtteil Eisenbach, ganzjährig
geöffnet; Preis: 20,– DM/Tag.
Stadt Obernburg am Main,
Herr Schreiber, Römerstr. 62–64,
(06022) 5 0020.

Partenstein:
Grillplätze am Torweg. Im Gemein-
dehaus anmelden,
(09355) 2021.

Rechtenbach:
5 Grillplätze am »Bischborner Hof«,
Gemeinde Rechtenbach,
(09352) 2237.

Rieneck:
Grillplatz am Parksee; anmelden bei Stadt Rieneck, (09354) 642
Röllbach:
Grillplatz am Röllbachsbrunnen mit Schutzhütte, Freizeitanlagen, 8–20 Uhr; Preis: 20,– DM. Gemeindeverwaltung im Rathaus, (09372) 2245.
Rothenbuch:
Grillplatz am Lichtenauer Weg, 30,– DM (100,– DM Kaution). Herr Walter Hasenstab, Schwarzer Gartenweg 8, (06094) 732, täglich 8–9 und 16.30–18.30 Uhr.
Thüngen:
Grillplätze Richtung Heßlar, Fingerallee. Gemeinde Thüngen, A. Weber, Am Sonnenhang 29, (09360) 1412.
Thüngersheim:
»Am Rotlaufberg« (Grillplatz mit 2 Grillvorrichtungen, Blockhütte mit

Bänken und Tischen, Toiletten, Kinderspielgeräte, Parkplatz unterhalb). (09364) 9630 oder 4149, Gemeinde. Reservierung empfohlen.
Triefenstein:
3 Grillhütten in Homburg am »Lerchenberg« und »Beim Sportplatz« und »Zecherruh«. Gegen Kaution bei Gemeinde (09395) 8074. 1 Freigrill in Lengfurt, Sportzentrum, Gemeinde Triefenstein (s.o.)
Uettingen:
Grillplatz »Am Kalkofen« Helmstadter Straße, Tische und Bänke, (09369) 8218
Veitshöchheim:
»Am Günterslebener Weg« (2 Grillplätze, Unterstellhalle, Spielwiese, Toiletten, Parkplätze, Sitzgruppen, 20,– DM), (0931) 9 1306, Schreibwaren Götz
Wertheim:
Lachenquell Wertheim-Reicholz-

heim. Ortsverwaltung Reicholzheim., (09342) 6676. Wald- und Forsthütte Grünenwört, Stadtverwaltung Wertheim, (09342) 301-201.
Würzburg:
• Spielwiese Frankenwarte
• Schumacheranlage am Main/ Sanderau
• Spielanlage Stettiner Straße
• Am Schiffsmodellteich Mainwiesen
• Mainwiesen, Kloster Himmelspforte, (0931) 37324, Städt. Gartenamt.
Gramschatzer Wald, Grillplatz, Sitzgruppen, (0931) 8003-1, Zweckverband.
Forsthaus Guttenberg, Grillplatz, (0931) 69012, Markt Reichenberg.
Zellingen: 1 Grillplatz am »Geschworenen Tisch« im Gemeindewald, Markt Zellingen, (09364) 1012. 2 Grillplätze im Schwimmbad.

Reiten und Kutschfahrten

Alzenau:
Reit- und Fahrverein, Kahlgrund e. V., im Forst, (06023) 2565. Reiterhof »Forelle«, Herr Nuß, zwischen Alzenau und Kahl, (06023) 1500.
Amorbach:
Reit- und Fahrverein, 1. Vors. Helmut Link, Hintere Gasse,

(09373) 8213. Kutschfahrten in die Umgebung. Städtisches Verkehrsamt, (09373) 20940. Planwagenfahrten von Amorbach nach Miltenberg und zurück.
Aschaffenburg:
Schellenmühle Reiterverein, Schmerlenbacher Str. 50, (06021) 91819.

Bessenbach:
Reitponyclub Unterbessenbach, (06095) 3898.
Gasthaus »Hubertus«, Oberbessenbach, (06095) 731, »Waldmichelbacher Hof«, Waldmichelbach, (06095) 674, vermitteln Kutsch- bzw. Planwagenfahrten.

Burgsinn:
  Pension und Reiterhof »Obere
  Mühle«, Fellen, (09356) 1363.
  Planwagenfahrten auf den Spuren
  der Spessarträuber (ab 10 Pers.).
Eichenbühl:
  Reitanlage zum »Märzenbrunnen«.
  Halle und Gelände; Lehrstunden,
  Ponyreiten, Pferdepension.
  Alexander Berres (09371) 3406.
Elsenfeld, OT Schippach:
  Helga Böttiger, Streiter Str. 3,
  (06022) 4673. Geeignet für Kinder
  und Behinderte; Ponys, Kleinpferde.
Eschau:
  Reiterstall Köster, Schloß
  Sommerau, Elsavastr. 111,
  (09374) 2767.
Flörsbachtal, OT Lohrhaupten:
  Reit- und Fahrverein Flörsbachtal,
  Frau Hebben, Heinrichsweg 5,
  (06057) 365. Reiten nur mit Beglei-
  tung, Reitunterricht möglich.
Gemünden:
  Wolfgang Keller, Griesberg 11,
  (09351) 8200, Kutschfahrten ab
  10 Personen, auch Ganztagsfahrten.
  – Verkehrsamt, Scherenbergstr. 4,
  (09351) 3830, nach Vereinbarung.
Karlstadt:
  Theo Glassen, Triebstr. 30,
  97267 Himmelstadt, (09364) 1041
  Kutsch- und Planwagenfahrten für
  2–60 Personen auf Anfrage.
Kleinkahl:
  Peter-Schuhmacher-Reit-Anlage,
  Großlaudenbacher Str. 50,
  (06024) 7605, ab 17 Uhr.

Leidersbach:
  Thomas Scheiter, Kleine Hecke 21,
  (06028) 1271, 3631.
Lohr a. Main:
  Reit- und Fahrverein, (09352) 1460.
Marktheidenfeld:
  Pferdepension, Geländereiten, HG
  »Baumhof-Tenne«, (09391) 3549. –
  Walter Hoh, Petzoltstr. 22, (09391)
  2236, Kutschfahrten mit Kutsche
  oder Planwagen, Nachtfahrten,
  Alleinunterhalter.
Mespelbrunn:
  Kutschfahrten, Robert Waldmann,
  Hauptstr. 100, (06092) 1588.
Miltenberg:
  Reiterhof Stefan Bundschuh,
  Monbrunn Nr. 6, (09371) 8146.
  Reiterferien auf dem Bauernhof auf

Anfrage. Reiterverein Miltenberg
und Umgebung e. V., Setzgasse 11,
(09371) 80745.
Mönchberg:
  Reit- und Fahrverein Mönchberg,
  Reitwart Alfred Motzel
  (09374) 1269. Reiten in der
  Reitbahn am Mühlweg, nach
  Vereinbarung, Reithalle.
  Kutsch- und Planwagenfahrten:
  J. Heider (09374) 558 und K. Väth
  (09374) 1366.
Obernburg am Main:
  Heinz Schneider, Neustädter Hof,
  (06022) 3357. 25 Pferde (Hannove-
  raner, Oldenburger), Reitanlage
  »Neustädter Hof«. Öffnungszeiten
  (Absprache!): 15–17 Uhr,
  18–20 Uhr.

Retzstadt:
Reit- und Fahrverein
K. Peter, Beetenstr. 6(093 64) 34 07
Rieneck:
Spessart-Hotel »Gut Dürnhof«,
zwischen Rieneck und Burgsinn
an der Burgsinner Straße.
L. Münch, (093 54) 10 01 / 10 02.
Schöllkrippen:
Reitstall am Höllenbach,
(0 60 24) 91 03.

Wertheim:
Reit- und Fahrverein Main-Taube-
reck e. V., (0 93 42) 68 07.
Würzburg:
Reit- und Fahrstall Kürnachtal,
Am Seepfad, Stadtteil Lengfeld,
(09 31) 27 31 70 und 41 53 04,
Weiße Hochzeitskutsche mit Schim-
melgespann, Hochzeits-, Stadtrund-
fahrten, Ausflugskarten mit
Gesellschaftswagen. – Karl-Heinz

Schlichting, Heriedenstr.,
(09 31) 6 33 96, Hochzeits-,
Ausflugs- und Gesellschaftsfahrten.
Zellingen:
Theo Glassen, (093 64) 10 41,
Kutsche oder Planwagen.

Schwimmen

Alzenau:
In der Badesaison 15. 5.–15. 9.
Waldschwimmbad, (060 23) 22 34.
Strandbad Meerhofsee, Bedingungen
wie Waldschwimmbad, Hallenbad
in der Edith-Stein-Schule,
Prischoßstr. 34, (060 23) 3 00 68,
3 00 69. Di.–Fr. 17–21 Uhr,
Sa. 13–17 Uhr (in allen Schulferien
geschlossen).
Amorbach:
Freibad im Stadtgebiet, Stadtverwal-
tung, (093 73) 20 90. Geöffnet:
Sommersaison 9–20 Uhr. Hallenbad
ab 17 Uhr geöffnet.
Aschaffenburg:
Freibad Aschaffenburg, Stadtbadstr.,
(060 21) 33 03 61; Mai bis
September, Mo.–Fr. 8–20 Uhr;
Sa., So., Feiertag 8–20 Uhr. –
Hallenbad Aschaffenburg, Stadt-
badstr., (060 21) 33 03 60,

Mo. 13–20 Uhr; Di., Fr. 7–21 Uhr;
Mi. 7–22 Uhr; Do. 7–20 Uhr;
Sa. 8–18 Uhr; So. 8–13 Uhr.
Bürgstadt:
Beheiztes Freizeitbad mit Großrut-
sche 55,6 m, Strömungskanal und
weiteren Attraktionen. Erfstr. 33,
Markt Bürgstadt, (093 71) 20 51 oder
33 50. Mai–September täglich
8–21 Uhr.
Burgsinn:
Freibad, beheizt, 2 Becken mit
Sprunganlage und Kinderrutschbahn.
Geöffnet von Mai–September,
täglich 9–20 Uhr, (093 56) 12 87.
Elsenfeld:
Freibad, Am Mühlweg; von Mitte
Mai bis Sept. Hallenbad, Oktober–
Mai, Mo.-Fr. 6.45–8 Uhr, Mo u. Do.
17–21 Uhr, Di. 17–20.30 Uhr,
Mi. 17–22 Uhr, Fr. 15–21 Uhr,
Sa. 8–17 Uhr, So. 8–12 Uhr.

Info: Markt Elsenfeld, Marienstr. 29,
(060 22) 5 00 70.
Erlenbach am Main:
Bergschwimmbad, Mechenharder
Straße, (093 72) 7 04 81; städt. beh.
Freibad. Geöffnet bis 22 Uhr
Hallenbad, Dr.-Vits-Schule, Dr.-
Vits-Str. 10. Ab Mitte Okt. bis April,
Öffnungszeiten wechselnd. Info:
(093 72) 7 04 23.
Flörsbachtal, OT Lohrhaupten:
Beheiztes Freischwimmbad mit 40 m
Wasserrutsche, Cafeteria. Stefan
Vogel, (0 60 57) 10 38 oder 7 66.
15. 5.–15. 9., 8–19 Uhr
Frammersbach:
Beheiztes Terrassenfreibad, Sprung-
anlage, Gaststätte. Geöffnet Mai bis
September. Gaststätte (093 55) 13 65,
Gemeinde (093 55) 9 71 20.
Freudenberg:
Badesee (093 75) 6 68, 9–20 Uhr.

Gemünden a. Main:
Ozonhallenbad, Sauna, Solarium,
(09351) 3409.
Mo., Di., Mi. 15–22 Uhr;
Do. 16–22 Uhr; Fr. 15–22 Uhr;
Sa. 9–19 Uhr; So. 9–18 Uhr;
Do. 14–16 Uhr (nur Frauen). Freibad
»Saale Insel«, (09351) 800147.
Geöffnet Mai–September;
3 Schwimmbecken, Kinderbecken,
Spielplatz, Terrasse, Gaststätte,
Lebensmittelgeschäft.

Goldbach:
Waldschwimmbad, 9–19.30 Uhr.

Gräfendorf:
Hotelhallenbad »Saaleblick«, Fam.
Oftring (09357) 227. Täglich von
7–19 Uhr geöffnet.

Großostheim:
Hallenbad in der Friedensschule.

Mitte September bis Mitte Mai, Mo.,
Di., Mi., Fr. 18–20.30 Uhr, Sa.
14–17.30 Uhr, So. 8.30–11.30 Uhr,
Do. 18–20.30 Uhr (nur f. Frauen),
Sa. 13–14 Uhr (für Behinderte).
Freibad 9–20 Uhr.

Großwallstadt:
Schwimmbad mit Badesee 9–20 Uhr,
(06022) 220726

Haibach:
Hallenbad, Mo. 18–20.30 Uhr,
Di. 17–21 Uhr, Mi. 18–21 Uhr,
Do. 16–18 Uhr (ab 18 Uhr nur f.
Frauen), Fr. 17–22 Uhr
Sa. 15–18 Uhr, So. 9–12 Uhr

Heigenbrücken:
Kurzentrum, W. Pospischil,
(06020) 755. Schwimmbad, Hein-
richsthaler Str., (06020) 1240
(Becken 50 × 15,5 m), mit großer

Liegewiese (ca. 2000 m^2), Mai bis
September

Hösbach, OT Rottenberg:
Hallenbad, (06021) 54371,
16–22 Uhr. Waldschwimmbad am
Klosterberg, (06024) 4291. Gemein-
deverw. Hösbach, (06021) 5003-0.
Mai–September von 9–20 Uhr.

Kahl:
Waldseebad 9–20 Uhr (nur bei
schönem Wetter). Campingsee
7–21 Uhr.

Karlstadt:
Freischwimmbad, (09353) 1250,
Liegewiesen, Cafeteria, Liegestühle,
Kinderspielplatz, Sonnenterrasse,
Beach Volleyball, Wasserfontäne,
Kinderrutsche, Tischtennis. –
Kleines Hallenbad, Krönleinsweg
(09353) 7698, Mi. u. Do.
Warmbadetag 30 °C.

Kleinostheim:
Vitamar (06027) 6121, Mo.–Fr.
13–21 Uhr, Sa. 13–18 Uhr, Sonn-
und Feiertag 9–17 Uhr, 15. Juni–15.
September (Sommer) Während der
hess. u. bayer. Sommerferien ab 10
Uhr geöffnet, Sa. 10–19 Uhr.

Kleinwallstadt:
Hallenschwimmbad an der J.-A.-
Rohe-Schule, Weibersweg 22,
(06022) 220655, Mo., Mi., Fr.
17–21 Uhr; Di., Do. 18–21 Uhr;
Sa. 13–18 Uhr; So. 9–12 Uhr;
Fr. nur für Senioren 16–17 Uhr
(Fr. Warmbadetag 31 °C).

Klingenberg:
Städt. Schwimmbad im OT Trenn-

furt (Freibad), Schwimmbadstr.,
(09372) 2 03 10. Mai–September
9–20 Uhr.

Laufach:
Hallenbad, Mo. 16.30–19.30 Uhr,
Di. 16.30–20.30 Uhr, Mi. 16.30–
20.30 Uhr, Do. 15.30–20.30 Uhr,
Fr. 16.30–20.30 Uhr, Sa. 14.30–
18.30 Uhr, So. 8.30-11.30 Uhr.

Lohr a. Main:
Freibad, (09352) 99 44, Mitte Mai
bis Mitte September. – Hallenbad
Nägelsee, (09352) 20 79)
Mo. 16.30–21.30 Uhr, Di. 16–
21.30 Uhr (warm), Mi. 16–18 Uhr
(Frauen ab 16), Mi. 18–21.30 Uhr,
Do. 16–20 Uhr, Fr. 16–21.30 Uhr,
Sa. 13–18 Uhr, So. 9–11.30 Uhr.

Mainaschaff:
Hallenbad im Schulzentrum Schiller-
straße, (06021) 7 05 80.

Marktheidenfeld:
Bad Maradies, (09391) 41 31,
Restaurant 42 41. Öffnungszeiten:
Mo.–Fr. 9–21 Uhr, Sa. u. So.
9–20 Uhr, im Sommer bis Einbruch
der Dunkelheit. Hallen-/Freibadan-
lage, Thermoaußenbecken, Solarien,
2 Saunen, Riesen-Wasserrutsche,
Kneipp-Anl., Restaurant.

Mespelbrunn:
Haus des Gastes mit Hallenbad,
(06092) 73 63, Becken 25 × 10 m.
Di.–Fr. 9–11.30 Uhr und 15–21 Uhr,
Sa. 9–15 Uhr, So. 9–11.30 Uhr, Do.
15–18 Uhr, Mo. geschl. Warmbadetag jeden 1. Di. (30 °C) u. Mi.
(32 °C) im Monat.

Miltenberg:
Hallenfreibad am Main mit Außen-
Warmbadebecken, Sauna, Solarium
und Gastronomie. Stadt Miltenberg,
Jahnstr. oder Rathaus, Engelplatz
(09371) 40 01 50. Sommerzeiten:
Mo.–Sa. 10–20 Uhr, Sonn- u.
Feiertag 9–20 Uhr. Winterzeiten:
Di. 7–22 Uhr, Mi. u. Fr. 13.30–
21 Uhr, Do. 7–10 Uhr u. 13.30–20
Uhr, Sa. 9–20 Uhr, So. 9–18 Uhr.

Mömbris:
Hallenbad, Fronhofen, (06029)
12 10, Mo.–Fr. 17.30–21 Uhr, Sa.
14–18 Uhr und So. 10–12 Uhr.

Mönchberg:
Spessartbad mit ca. 30 000 m² Liege-
wiese, 2000 m² Wasserfläche. Markt
Mönchberg, (09374) 12 52.
Sommermonate täglich bis 20 Uhr.

Neuhütten:
Freizeitsee

Niedernberg:
Badesee 10–18 Uhr
(bei hochsommerl. Temperaturen bis
19.30 Uhr), (06028) 2 02 06.

Rieneck:
Hotelhallenbad »Gut Dürnhof«,
(09354) 10 01. Täglich geöffnet.

Schöllkrippen:
Freibad, Dünkelhohle, 10–20 Uhr,
(06024) 92 12.

Stockstadt:
Waldschwimmbad, 9–20 Uhr

Thüngersheim:
(09364) 31 75. Freibad mit
Schwimmer-, Nichtschwimmer-,
Planschbecken, Wasserrutsche,

Wasserpilz, Massagedüsen, Tischtennis, Federtiere, Kiosk, 9–20 Uhr.

Triefenstein:
Hallenbad, Solarium, Waldbad,
beheizt, (09395) 2 75. Öffnungs-
zeiten Waldbad: Mo.–Fr. 10–20 Uhr,
Sa., So., Feiertage 9–20 Uhr;
Hallenbad: Mo.–Fr. 16–20 Uhr;
Sa. 13–17.45 Uhr; So. 13–17 Uhr. –
Klostersee: Nutzbare Wasserfläche
15,5 ha., ca. 18 °C, zwischen Trenn-
feld und Bahnhof in der Nähe der
Sportanlagen gelegen. Schwimmen,
Surfen, WC-Anlage, große Liege-
wiese, Kiosk, Parkplatz.

Uettingen:
Freibad, (09369) 26 01, Kombi-
niertes Schwimmer-/Nichtschwim-
merbecken, Planschbecken, große
Liegewiese, Tennisplätze, 9–20 Uhr.

Veitshöchheim:
Geisbergbad Am Geisberg, (0931)
9 23 27, 25 × 20-m-Becken m.
Sprungbecken u. 5-m-Turm, Nicht-
schwimmerbecken m. Riesenwasser-
rutsche (70 m), Planschbecken,
Restaurant, Kinderspielplatz, Frei-
zeit- und Wasserspiele, 9–20 Uhr.

Weibersbrunn:
Hallenbad 16,6 m × 8 m, Rothenbu-
cher Weg 45. Di. u. Do. 18.30–20.30
Uhr. Bei mind. 1 Woche Urlaubsauf-
enthalt 1 × wöchentlich kostenlose
Hallenbadbenutzung.

Wertheim:
Hallenbad beim Gymnasium,
Conrad-Wellin-Straße, (09342)
30 14 33. Freibad in den Christ-

wiesen, 97877 Wertheim-Besten-
heid, (0 93 42) 30 10.

Wörth am Main:
Hallenbad in der Volksschule. Info:
Stadtverwaltung, (0 93 72) 54 57.

Würzburg:
Hallenbad Sanderau, Virchowstr. 1,
(0 93 1) 7 28 01, Sonnenduschen,
Mediterraneum (Solewarmbad,
Solarium, Dampfbad,
Mo. 9–22 Uhr, Di.–Fr. 8–22 Uhr,

Sa.–So. 8–20 Uhr), So. 8–20 Uhr,
Mo. 14–22 Uhr, Di. 14–20 Uhr,
Mi. 8–22 Uhr, Do. 14–20 Uhr,
Fr. 14–22 Uhr, Sa. 8–20 Uhr. –
Hallenbad Lindleinsmühle, Schwa-
benstr. 12, (0 93 1) 2 33 30, Sonnen-
dusche Di. 15–22 Uhr, Fr. 13–
22 Uhr, Sa. 12–20 Uhr. – Erleb-
nisbad Nautiland, (0 93 1) 41 14 36,
Große Wasserrutsche (85 m),
Sprudel-Außenbecken, Wasserspiel-

garten, Solarempore, Dampfsaunen,
Wärmegrotte mit Lichttherapie, So.–
Do. 9–22 Uhr, Fr.–Sa. 9–23 Uhr.

Zellingen:
Freibad, (0 93 64) 44 54,
50-m-Schwimmbecken, Nicht-
schwimmer- und Kinderbecken mit
Fontänen, Sprudel- und Massage-
düsen, Kneippbecken, Grillplatz,
Tischtennis, behindertengerecht,
Liegewiese.

Stadtführungen

Amorbach:
Führungen durch die Stadt Amorbach über das Städt. Verkehrsamt,
(0 93 73) 2 09 40. Jeden Sa. 10 Uhr
und nach Vereinbarung. Urlaubs-
gäste frei.

Aschaffenburg:
Tourist-Information, Schloßplatz 1,
(0 60 21) 3 95-8 00/801. Innenstadt-
führung, Schloß. Regelmäßige Stadtführung Mai–September, sonntags
14 Uhr. Treffpunkt: Tourist-Information, Schloßplatz, 90 Min.
Für Einzelpersonen und Gruppen nur
nach schriftlicher Anmeldung

Bürgstadt:
Führungen Hist. Rathaus, Martinskapelle, Ausgrabung Bürgstadter Berg
jederzeit nach Vereinbarung
möglich. Anmeldung: Rathaus Bürgstadt, Große Maingasse 1,
(0 93 71) 20 51.

Burgsinn:
Burgsinn mit geschichtlichen
Erläuterungen. Anmeldung und
Terminabsprache TI Burgsinn,
(0 93 56) 9 91 00. Frei mit Gästekarte.

Gemünden a. Main:
Verkehrsamt, Haus des Gastes,
(0 93 51) 38 30. Stadtführung: Mainlände, Kleinvenedig, Scherenburg
(nach Wunsch auch andere Wege).

Karlstadt:
Altstadtführung, auf Wunsch auch
Einbeziehung der Ruine Karlsburg.
Verkehrsbüro Hauptstr. 24,
(0 93 53) 7 90 2-88.

Klingenberg:
Gudrun Berninger, Hohbergstr. 10,
(0 93 72) 22 58.

Lohr a. Main:
Verkehrsverein, (0 93 52) 51 52.
»Altstadtführungen« und »Bayern-
sturm«.

Marktheidenfeld:
Fremdenverkehrsverein,
(0 93 91) 5 00 41.

Miltenberg:
Tourist-Information, Rathaus, Engel-
platz, (0 93 71) 4 00 1 19. Öffentliche
Führungen Mai–Oktober, Mo. und
Sa. jeweils 10.30 Uhr, Dauer ca.
1 Stunde. Kostenlose Teilnahme
für Einzelreisende. Musikalischer
Stadtrundgang (Live-Gesang zur
Laute). Willy Herd, (0 93 71) 6 99 66,
Fax (0 93 71) 6 99 65.
Termine und Preise für Gruppen
nach Absprache.

Mönchberg:
Tourist-Information, Hauptstr. 44,
(0 93 74) 7 00 0. Altortführung lt.
Gästeprogramm.

Obernburg am Main:
Leo Hefner, Nibelungenstraße 12,
(0 60 22) 84 78.

Rieneck:
A. Weisenfelder, Obertorstr. 14,
(09354) 745.
Wertheim:
Fremdenverkehrsgesellschaft,
(09342) 1066. Führungen für
Einzelpers. in der Saison sonntags u.
mittwochs; Gruppen jederzeit nach
Voranmeldung.
Würzburg:
Führungen von Einzelgästen
10.30 Uhr (Stadtführung, Treffpunkt
am Falkenhof), 12 Uhr Domführung
(Treffpunkt am Westportal),
14.30 Uhr Stadtrundfahrt (Treffpunkt
am Busbahnhof). Gruppen jederzeit
nach schriftlicher Voranmeldung,
(0931) 37650).

Wassersport

Aschaffenburg:
Wassersportfreunde Neptun
Aschaffenburg e. V.,
Am Floßhafen, (06021) 12323
oder 42841 (Wölfelschneider).
Wasserski, Barfußwasserski
Steganlage, Bootsliegeplätze.
Bootsverleih Kittel, Am Floßhafen.
Park Schönbusch, Zufahrt
Darmstädter Str. (B 26)
Schloß- und Gartenverwaltung,
(06021) 224, 17. April–Oktober
(bei gutem Wetter)
Mo–Sa 10–19 Uhr,
So/Feiertag 10–20 Uhr.

Bürgstadt:
Bootssportfreunde Bürgstadt e. V.,
1. Vorsitzende Walter Hoch,
Königsberger Straße 24,
(09371) 1707.
Segeln, Wasserskistrecke von
1,5 km Länge, Slip- und Anlege-
stelle für Sportboote.
Slipgebühr: 12,– DM/Tag, ganz-
jährig geöffnet.
Erlenbach am Main:
Windsurfclub Untermain, Rüdiger
Neller, Im Neurod 1, (09372) 5560.
Ehem. Kiesgrube »Spall-See«,
Surfkurse.

Gemünden a. Main:
Bootsverleih Fam. Vierling,
(09351) 2058.
Lohr a. Main:
Wasserski möglich zw. Lohr und
Erlach, Slipanlagen vorhanden.
Auskunft: Tourist-Information
(09352) 848460 und 5152.
Miltenberg:
Bootsverleih Anton Weinmann,
Riesengebirgstr. 2. (09371) 8780.

Wintersport

Aschaffenburg:
Info: Sportamt der Stadt Aschaffenburg, (06021) 330494. Loipe »Hohe Warte«. Loipendienst: Alf Müller, Soden, (06028) 8535. Eissporthalle Aschaffenburg, (06021) 330363. Super-Disco (Fr. 19–22 Uhr).

Burgsinn:
Gespurte Loipen, versch. Schwierigkeitsgrade an der Bayerischen Schanz. Auskunft: Verkehrsamt Lohr, (09352) 5152 oder Frammersbach (09355) 4800.

Flörsbachtal:
Skilanglauf-Loipen in allen vier Ortsteilen. Auskunft: Gemeindeverwaltung, Hauptstr. 14, OT Lohrhaupten, (06057) 90001. Revierförstereien, Forstamtmann H. Müller, (06057) 653; Forstamt Biebergemünd, (06050) 1201. Nach 17 Uhr Auskünfte über das Schneetelefon der Gemeindeverwaltung, (06057) 659 oder 1050.

Frammersbach:
Gespurte Loipen am Sauerberg, Richtung Mosborn, Habichsthal, Wiesen. Alpinski mit Schlepplift, Skihütte. Verkehrsamt (09355) 4800 oder Sporthaus Hubert Scherer (09355) 595

Heigenbrücken:
Winterloipe (Loipe 1), Rundkurs über Stöckes, Ringweg-Brett-Skiabf.-Hirschhörner-Skihütte; einsp., masch., gez. Loipe m. Umstieg in Keßlerloipe (Loipe 2) am Brett mögl. (mittel-schwer). Keßlerloipe (Loipe 2), Rundkurs (leicht-mittelschw.): Rotweg-Keßler-Brett Bösborn usw. bis zurück zum Ziel. Wie Loipe 1 ausgeführt. Umstieg in Loipe 1 ist am Brett mögl. Skigebiet am Winterloch: Doppelschlepplift 550 m. Abfahrt 750 m; Talstation bewirtschaftet. Auskunft über den Betrieb gibt es in der Skihütte (06020) 8483.
Skigebiet am **Engländer** (Ortsteil Jakobsthal); 2 Doppelschlepplifte 350 m, 400 m; Übungslift 250 m. Auskunft: (06021) 51742.

Lohr a. Main, OT Ruppertshütten:
Gespurte Loipen, verschiedene Schwierigkeitsgrade an der »Bayerischen Schanz«. Auskunft: Tourist-Information Lohr (09352) 5152 oder Frammersbach, (09355) 4800.

Mönchberg:
Info: Markt Mönchberg, Rathaus, (09374) 1252. Gespurte Loipen, Skilift am Parkplatz, Reistenhausener Str., am Waldaufgang.

Neustadt a. Main:
Gasthof Engel, (09393) 505 außer Montag. Höhenlage Aurora, Loipen.

Weibersbrunn:
Skilift: (06094) 328. Skilanglauf möglich. Loipen nur teilweise gespurt, vorherige telefonische Rücksprache notwendig!

Register und
Verzeichnis
der Fotografen

Register

Verzeichnis der Fotografen

Harald Schreiber S. 5,7, 13, 14-16,
19-23, 25, 28, 30, 36, 38-40, 46-48, 50,
51, 55, 56, 78, 89-92, 96-98, 105, 112
Peter Rogowsky S. 10, 11, 16, 17, 27,
31, 43, 44, 47-49, 67, 70-74, 76-81,
84-86, 99, 102
Stefan Gregor S. 41, 108, 115
Hans Rustler S. 32, 33, 42
László Ertl S. 9
Touristinformation Aschaffenburg S. 12
Fremdenverkehrsamt Amorbach S. 10
Markt Eschau S. 18
Fremdenverkehrsamt Heigenbrücken
S. 26, 116
Fremdenverkehrsamt Oberes Kahltal
Einband, S. 29
Stadtverwaltung Marktheidenfeld S. 34
Fremdenverkehrsamt Mespelbrunn
S. 35, 36

Touristinformation Miltenberg S. 37
Fremdenverkehrsamt Mönchberg S. 40
Marktverwaltung Partenstein S. 45
Fremdenverkehrsamt Thüngersheim
S. 52
Fremdenverkehrsamt Veitshöchheim
S. 53
Fremdenverkehrsamt Wertheim
Einband, S. 54
Fremdenverkehrsamt Würzburg
S. 57, 58
Hamburg Information S. 106
amw S. 110
Top Press S. 24